잘! 생겼다
대한민국

기파랑

잘! 생겼다
대한민국

청소년이 꼭 읽어야 할
서울대이영훈교수원저 **우리 현대사**

황인희 지음

歷史

기파랑

CONTENTS

"역사란 무엇인가?"

이 책을 청소년 여러분에게 권하면서 저는 이런 질문부터 던져봅니다. 대체 역사가 무엇이기에 청소년이 반드시 공부해야 한다고 성화들일까요? 또 역사가 무엇이기에 어른들은 이것이 옳다 저것이 옳다 쉼 없이 다투고 있을까요?

"역사란 무엇인가?"라는 질문에 많은 청소년은 "역사는 조상들의 삶을 기록한 옛날이야기"라고 대답합니다. 그렇다면 지금은 유물이 되어버린 옛날이야기를 어른들은 왜 그렇게 중요하게 여기는 걸까요?

역사는 단순한, 과거의 조상들 이야기가 아닙니다. 역사는 우리가 앞으로 걸어갈 미래를 비춰주는 거울입니다. 그렇게 말하는 이유는 끊임없이 되풀이된다는 역사의 속성에서 찾을 수 있습니다. 조상들이 겪었던 일과 비슷한 일이 우리의 앞길에서도 되풀이해서 일어난다는 것이지요. 역사의 교훈을 알고 있는 사람은 조상의 성공을 배우려 하고 그들이 걸었던 잘못된 길은 따라가지 않을 것입니다. 그래서 과거 이야기 이상의 가치가 역사에 담겨 있다고 하는 것입니다.

이렇게 역사를 미래의 거울로 삼으려면 역사를 올바르게 알아야 합니다. 그런데 어떤 기준과 관점을 가지고 보느냐에 따라 역사에 대한 평가가 달라질 수 있습니다.

저는 여기서 또 하나의 새삼스러운 질문을 던져봅니다. 여러분은 어느 나라 사람인가요? 이 책을 읽는 청소년의 대부분은 대한민국 국민일 것입니다. 월드컵 축구 대회나 올림픽 때 양팔을 치켜들고 "대~한~민~국!"이라 외치며 대한민국 팀을 응원하는 여러분은 분명 대한민국 국민입니다. 그러니 여러분은 대한민국 국민의 눈으로 대한민국의 역사를 봐야 합니다. 이 책은 청소년 여러분이 대한민국 국민으로서 반드시 알아야 할 대한민국 역사를 담은 책입니다.

자유민주주의는 개인의 자유와 행복을 구현하는 데 가장 적합한 이념입니다. 자유민주주의를 절대로 잃어서는 안되는 이유가 거기에 있습니다. 그 이념을 쟁취하기 위해 얼마나 많은 희생을 치렀는가는 역사 속에서 듣고 보아 우리 모두 잘 알고 있습니다. 또 자유주의 이념을 계급의 적으로 몰아 추방했던 공산주의 나라들의 수많은 실패도 지켜보았습니다.

이 책에는, 이 소중한 자유민주주의를 지키기 위해 기울여 온 노력과 그 과정의 이야기가 담겨 있습니다. 그 과정에서 대한민국 국민은, 눈물을 머금고 조국 분단을 받아들여야 했고 북한의 김일성이 일으킨 6 · 25전쟁으로, 동족끼리의 참혹한 전쟁을 겪어야 했습니다. 그 모든 고난을 슬기롭게 극복한 결과 우리는 경제 규모 세계 15위의 선진국으로 발돋움 할 수 있었습니다.

　대한민국 역사를 배우며 잊지 말아야 할 점이 하나 더 있습니다. 그것은 해방 후 일어났던 여러 사건을 '나라 만들기'를 위해 겪어야 했던 과정으로 봐야 한다는 것입니다. 새로 나라를 세워 그 나라가 제대로 자리를 잡기까지는 여러 가지 시행착오를 겪을 수밖에 없습니다. 물론 그 가운데는 씻을 수 없는 상처가 된 사건들도 있습니다. 하지만 이런 심한 갈등과 상처를 딛고 일어섰기에 오늘의 대한민국이라는 나라를 만들 수 있었던 것입니다. 그래서 이 책은, 해방 후의 여러 사건을 부정적인 눈으로만 보지는 않았습니다.

　이 책에는, 해방 이후부터 1987년까지의 역사를 담고 있습니다. 이때까지의 대한민국 역사는, 자유민주주의 이념을 지키고 우리 몸에 맞는 민주주의 제도를 확립하며 '나라 만들기'를 해온 과정입니다. 이 시기까지만 다룬 이유는, 이 무렵 민주화 시대를 맞이하며 나라 만들기 작업이 어느 정도 마무리되었다고 여기기 때문입니다.

　이 책은, 서울대학교 경제학부 교수이신 이영훈 님의 〈대한민국 역사〉를 저본으로 하여 쓴 책입니다. 이영훈 교수님은 〈대한민국 역사〉 곳곳에서 자유민주주의 이념의 소중함을 강조하셨습니다. 저는, 이 교수님의 이런 역사관이 대한민국 국민인 청소년 여러분의 올바른 역사 인식에 큰 도움이 되리라 믿습니다. 그래서 청소년이 〈대한민국 역사〉를 보다 쉽게 이해할 수 있도록 간추리고 풀어서 이 책을 쓰게 된 것입니다.

저는 청소년 여러분이 이 책을 통해 우리의 역사를 바로 알고 그 역사의 교훈으로 여러분의 미래를 환하게 비춰나가기를 바랍니다. 조국을 사랑하는 당당한 대한민국 국민으로 성장하여 대한민국의 미래를 보다 아름답게 만들어주길 소망합니다.

끝으로 이 지면을 빌려 이 책이 나오기까지 도움을 주신 모든 분께 감사의 인사를 드립니다. 특히 귀한 원고를 청소년 책으로 고쳐 쓸 수 있도록 허락하고 꼼꼼히 감수까지 해주신 이영훈 교수님께 머리 숙여 감사드립니다. 또 부족한 제게 이 작업을 하도록 기회를 주시고 이 책을 펴내주신 도서출판 기파랑의 안병훈 대표님께도 감사의 인사를 드립니다.

2014년 2월
황인희

제1장
가난과 혼돈 속에 이룩한 '나라 세우기'

1.
해방의
아침이
밝기까지

1910년 8월 29일, 일본이 한일병합조약*을 발표함으로써 우리 민족은 일본의 식민 지배 아래 들어가게 되었습니다. 우리 민족은 이때로부터 36년 동안 일본의 강압적인 지배를 받아야 했지요. 민족의 지도자들은 일본의 지배에서 벗어나기 위해 나라 안에서, 나라 밖에서 목숨을 아끼지 않고 많은 노력을 기울였습니다. 그런 가운데 태평양전쟁을 일으킨 일본이 미국 등 연합국에 패망함으로써 1945년 8월 15일 우리 민족은 드디어 감격의 해방을 맞이하게 되었습니다. 일본을 몰아내고 해방을 맞이하게 될 때까지 나라 안팎에서는 어떤 일들이 일어났을까요?

아시아 국가를 모두 점령하려던 일본

1931년 일본은 중국 영토인 만주를 점령하고(만주사변) 그곳에 **만주국***이라는 꼭두각시 나라를 세웠습니다. 이 일에 대해 주변 나라들은 일본을 비난했습니다. 하지만 일본은 아랑곳하지 않고 오히려 중국 본토를 침략했습니다(중일전쟁). 또 일본은 석유 등의 자원을 구하기 위해 동남아시아의 여러 나라도 침략했지요. 이런 일본의 태도를 못마땅하게 여긴 미국은 일본과의 모든 무역을 막아버리고 중국에서 군사를 철수하라고 강력하게 요구했습니다.

하지만 일본은 미국의 요구를 듣지 않았습니다. 오히려 하와이 진주만에 있는 미국 해군 기지를 기습 공격하여 수많은 사람을 죽게 하였습니다. 이로써 일본은 미국과도 전쟁을 하게 된 것입니다(태평양 전쟁).

*한일병합조약
1910년 8월 29일 일본이 대한제국과 강제로 맺은 조약. 대한제국을 일본과 합친다는 내용을 담고 있다. 이 조약의 첫 번째 조항에는 "한국 황제 폐하는 한국 전체에 관한 일체의 통치권을 완전히 또 영구히 일본 황제 폐하에게 넘겨준다"라고 쓰여 있다. 이 조약이 맺어짐으로써 36년 동안의 일본 식민 통치가 시작되었다. 이 조약이 맺어진 사건을 경술년에 일어난 국가적인 수치라는 뜻의 '경술국치'라고도 일컫는다.

*만주국
1931년 만주를 침략한 일본 관동군이 다음 해 중국 동북 지방에 세운 나라. 수도는 신징[新京 : 지금의 창춘(長春)]이었고 청나라의 마지막 황제였던 선통제 푸이[溥儀]가 집정이라는 대표 자리에 앉았다. 한때 인구가 3,000만 명에 달했지만 1945년 8월 소련군의 참전으로 일본 관동군이 무너지면서 만주국도 함께 사라졌다.

▶ 하와이 진주만 공격
1941년 12월 7일 하와이의 진주만에 있던 미국 해군 기지를 일본이 기습 공격한 사건. 일본 함대는 하와이 북쪽 440㎞ 지점에서 360대의 비행기를 출격시켰다. 이 공격으로 미군 2,300여 명이 사망했고 1,000여 명이 부상을 입었다. 하지만 일본은 비행기 50여 대와 소형 잠수함 다섯 대를 잃었을 뿐이다. 이 사건은 미국이 제2차 세계대전에 참전하는 계기가 되었다.

*대동아공영권(大東亞共榮圈)

제2차 세계대전 당시 일본이 아시아 대륙 침략을 합리화하기 위해 내세운 슬로건. 주요 내용은 "일본과 만주, 동남아시아 국가 등을 함께 묶어 아시아 각국의 공동 번영을 모색한다"라는 것이다. 당시 일본은, 유럽이나 미국 같은 제국주의 침략으로부터 동아시아 각 민족의 생존권과 번영을 보장하려면 대동아공영권이 유일한 길이라며 태평양 전쟁을 정당화하였다.

한일병합조약 소식을 전하기 위해 당일 발행된 관보 호외.

일본은 자신들이 중심이 되어 동아시아, 동남아시아 여러 나라를 서양 제국주의로부터 해방하여 **대동아공영권***을 만들겠다고 큰소리쳤습니다. 사실은 이 지역을 모두 자신들이 점령하겠다는 속셈이었지요.

이렇게 일본은 아시아를 모두 손아귀에 넣을 듯 기세등등했습니다. 하지만 결국은 미국의 군사력을 당해 내지 못했습니다. 1945년 6월, 미군은 일본 남쪽에 있는 오키나와 섬까지 점령하였고 일본의 패망은 눈앞에 보이는 듯했습니다.

*조선총독부

조선총독부는, 일제강점기 한국을 지배하던 일본의 식민 통치 기관이었다. 이곳에서 한민족을 탄압하고 경제적으로 수탈하는 정책을 세웠고 이를 실행했다. 또 일제강점기 후반에는 신사(神社) 참배, 창씨(創氏) 개명, 우리말 사용 금지 등 민족 문화 말살 정책을 실시했다.

*좌파와 우파

좌익과 우익이라고도 한다. 이 말이 정치적 의미로 처음 사용된 것은 프랑스 혁명 때이다. 이 말은, 혁명 후 국민공회를 열 때 의장석에서 보아 오른쪽에 온건주의자들인 지롱드파가 앉고 왼쪽에 진보주의자들인 자코뱅파가 앉은 데서 유래하였다. 일반적으로 정치 세력 중 진보주의 · 급진주의 세력을 좌파, 자유주의 · 보수주의 세력을 우파라고 일컫는다.

중국에서의 독립운동

일본이 전쟁을 치르고 있는 동안 한국인들은 독립을 위해 열심히 노력했습니다. 독립운동은 나라 안보다는 나라 밖에서 더 활발하게 전개되었습니다. 나라 안에서는 **조선총독부***가 독립운동을 못 하게 심한 탄압을 했기 때문입니다.

독립운동을 했던 사람들은 주로 중국에서 활약했습니다. 하지만 이들은 민족주의 세력과 공산주의 세력으로 편이 나뉘었지요. 민족주의 세력도, 김구(金九)와 이동녕(李東寧)이 중심이 된 대한민국 임시 정부와 김원봉(金元鳳)과 김규식(金奎植)이 이끄는 조선민족혁명당으로 나뉘었습니다. 임시 정부가 우파*라면 조선민족혁명당은 좌파*라고 할 수 있습니다.

독립운동을 어떤 방법으로 펼칠 것인가에 대해 임시 정부 안에서도 심각한 다툼이 있었습니다. 한때 임시 정부는 정부 조직이라고 하기에는 너무도 초라한 모습이 되기도 했지요. 그런 임시 정부를 끝까지 지킨 사람은 김구*였습니다. 김구는 임시 정부를 살리기 위해 개인적인 무력 투쟁을 펼치기 시작했습니다. 그 최초의 성과가 1932년 1월에 있었던 이봉창(李奉昌) 의사의 의거입니다. 이봉창은 일본 도쿄에서 일왕의 행렬에 폭탄을 던졌지요. 이 사건은 비록 실패했지만 그 기세는 그 해 4월 윤봉길(尹奉吉) 의사의 의거로 이어졌습니다. 윤봉길*이 중국 상하이의 홍커우(虹口) 공원에서 열린 일본군 전승 기념식에 폭탄을 던져 일본군 사령관과 높은 지위의 관리들에게 커다란 피해를 안겼습니다. 이 사건으로 김구와 임시 정부는 세계적으로 유명해졌고 재외 동포나 외국인들에게도 성원을 받게 되었습니다.

한편 좌파 민족주의 세력인 한국독립당, 조선혁명당, 의열단, 한국혁명당 당원들은 힘을 합해 조선민족혁명당을 만들었고 당의 대표로 김규식*을 세웠습니다. 이들은 중국 국민당 정부와 협의하여 조선의용대라는 군사 조직을 만들었습니다. 임시 정부의 김구, 이동녕도 중국 국민당 정부의 도움을 받아 한국광복군을 만들었습니다.

1941년 12월, 태평양 전쟁이 일어나자 임시 정부는 일본에 선전 포고를 했습니다. 상황이 급박해지면서 좌파였던 조선민족혁명당의 김규식도 임시 정부에 참여했습니다. 이렇게 좌우의 인사들이 손을 잡고 해방을 위해 힘을 모았는데도 미국과 중국은 임시 정부를 승인하지 않았습니

▶ 김구(金九, 1876~1949)

황해도 해주 출생. 호는 백범(白凡). 1910년 신민회에 참가하고, 1911년 105인 사건으로 17년형을 선고받았으나 1914년에 출옥하였다. 3·1운동 후 상하이로 망명하여 대한민국 임시 정부에 참여하였으며, 1940년 임시 정부 주석에 선출되었다. 해방 후 귀국하여 신탁 통치 반대 운동을 주도했다. 1948년 남한만의 단독 총선거를 실시한다는 국제 연합의 결의에 반대하고, 북한으로 가서 통일 정부 수립을 위한 교섭을 벌이기도 하였다. 1949년 6월 26일 안두희의 총에 맞아 타계했다.

▶ 윤봉길(尹奉吉, 1908~1932)

충남 예산 출생. 1930년 독립운동을 위해 중국으로 망명했다. 이때 상하이 임시 정부의 김구를 찾아가 조국의 독립을 위해 몸 바칠 것을 다짐하였다. 1932년 4월 29일 상하이 홍커우 공원에서 열린 일본군 전승 기념식에서 폭탄을 던져 시라카와 요시노리(白川義則)일본군 대장 등을 그 자리에서 숨지게 하였다. 현장에서 체포되어 사형 선고를 받은 후 1932년 11월 20일 순국하였다.

▶ 김규식(金奎植, 1881~1950)

경남 동래 출생. 1904년 미국 로어노크대학을 졸업하였다. 1905년 귀국하여 경신학교 교감 등을 역임, 1913년 중국으로 망명, 1919년부터 대한민국 임시 정부의 외무총장을 맡아 파리강화회의에 전권대사로 참석하였다. 1935년 김원봉 등과 민족혁명당을 조직했으며, 1940년 대한민국 임시 정부 부주석이 되어 김구 주석과 함께 광복군 양성에 힘썼다. 해방 후 우익 진영의 지도자가 되어 신탁통치안에 반대하였다. 1948년 국제연합에 의한 남한만의 단독 총선거에 반대하였으며, 이후 김구와 함께 북한에 가서 남북 협상을 시도하였으나 실패하였다. 1950년 6·25전쟁 때 납북되었다.

*주미 외교위원회

대한민국 임시 정부의 미국 쪽 대표 기관. 임시 정부의 미국 주재 대사관 역할을 수행하였다. 한국의 독립 승인을 얻기 위한 외교 활동은 물론, 주미 동포와 한인 유학생들을 대상으로 대한민국 임시 정부의 활동을 홍보하고 후원금을 모금하기도 했다.

다. 임시 정부가 본국의 국민과 연결되어 있지 않고 여러 지역의 독립운동 단체를 모두 아우르지 못했다는 이유에서였지요.

임시 정부는 광복군의 힘을 길러 나라 안에 있는 일본군을 몰아내려 준비하고 있었습니다. 그런데 계획했던 날보다 일본이 일찍 항복하여 임시 정부와 광복군의 활약을 드러내지 못했습니다. 그래서 임시 정부는 해방 후에도 다른 나라의 인정을 받지 못했고 정부의 요인들은 개인 자격으로 귀국할 수밖에 없었습니다.

미국에서의 독립운동

해방을 전후한 때 미국과 멕시코, 쿠바 등에는 약 10,000명의 동포가 살고 있었습니다. 이들을 중심으로도 독립운동이 펼쳐졌는데 이는 자유민주주의 이념을 바탕으로 하였습니다. 미국에서 독립운동을 이끈 사람은 임시 정부의 대통령을 지낸 **이승만***(李承晩)이었습니다. 이승만은 미국에서 열리는 여러 국제회의장에 나아가 한국의 독립을 호소하였지요. 하지만 미국은 별 관심을 두지 않았습니다. 미국의 입장에서 보면 한국은 이미 사라져버린 나라였습니다. 그래서 일본과 사이가 나빠지는 것을 무릅쓰고 한국에 관심을 둘 필요는 없다고 여긴 것이지요. 미국뿐만 아니었습니다. 이승만은, 일본의 만주 침략을 규탄하는 국제회의가 열리는 제네바로 가서 한국의 독립이 필요하다고 외쳤습니다. 하지만 관심 두는 나라는 하나도 없었습니다.

하지만 이승만은 포기하지 않았습니다.

"미국, 중국, 한국이 일본에 대항하기 위해 힘을 합해야 합니다. 태평양 연안의 나라들이 힘을 합해 일본의 침략에 맞서야 합니다."

이런 이승만의 주장과 설득 활동에 미국의 교포 사회도 호응하였습니다. 미국에 있는 한인 단체들이 연합하여 워싱턴에 **주미 외교위원회***를 만들기로 한 것입니다. 이승만은 주미 외교위원회의 위원장이 되었습니다.

태평양 전쟁이 일어난 직후, 이승만은 임시 정부의 주미 외교위원장으로서 미국 국무부에 임시 정부의 승인을 요청했습니다. 하지만 이는 받아들여지지 않았습니다. 철저한 반공주의자였던 이승만은, 소련이 한반도에 들어오면 커다란 위험이 닥칠 것이라고 미국에 경고했습니다. 소련을 막기 위해서 임시 정부의 승인이 꼭 필요하다고 주장한 것이지요. 그런데 미국은 이를 외면했습니다. 당시 소련은 미국과 한 편에 서서 전쟁을 치르는 나라였습니다. 그런 소련을 비난하는 것은 미국에게는 듣기 거북한 일이었던 것이지요.

▶ 이승만(李承晩, 1875~1965)

황해도 평산 출생. 호는 우남(雩南). 배재학당에 다니며 개화 사상을 접하였다. 1898년 고종을 폐위하려는 음모에 연루되어 5년 8개월간 한성감옥에 갇혔다. 1904년 출옥한 뒤 민영환과 한규설의 주선으로 미국에 건너가 루스벨트 대통령에게 한국의 독립을 호소했으나 실패하였다. 이후 하버드대학과 프린스턴대학에서 국제 정치학을 전공했으며, 프린스턴대학에서 박사 학위를 취득하였다. 3·1운동 후 한성임시정부의 집정관 총재로 추대되었다. 뒤이어 상하이 대한민국 임시 정부의 임시 대통령으로 추대되었으나 1925년 고려공산당 당원과 반(反)이승만 세력이 우세했던 임시의정원에 의해 탄핵, 면직되었다. 1945년 해방 후 귀국하여 우익 자유주의 진영의 지도자로 활동했으며, 1948년 제헌국회에서 대한민국 초대 대통령으로 당선되었다.

▶ 미국에서의 독립운동

1919년 4월 16일, 서재필·이승만을 중심으로 한 미국의 한국인들이 3·1운동의 영향을 받아 필라델피아에서 독립을 선언하고 시가 행진을 하고 있다.

이승만은 1942년 6월 '미국의 소리'라는 초단파 방송망을 통해 고국 동포들에게 희망의 소식을 전했습니다.

"나는 이승만입니다. 미국 워싱턴에서 우리 2,300만 동포에게 말합니다. …… 내가 말하는 것은 제일 긴요하고 기쁜 소식입니다. …… 일제는 전쟁에 패하고 있고 우리 임시 정부가 미국의 승인을 얻어 연합군의 일원으로 참가할 날이 가까워져 오고 있습니다. ……"

조국이 곧 해방될 것이라는 소식을 알리는 이 방송으로, 이승만은 국내외 동포들에게 커다란 희망을 안겨주었습니다.

일본이 패망한 뒤 한국을 어떻게 할 것인가?

일본과 전쟁을 치르게 된 미국은 일본이 패망한 뒤 한국을 비롯한 동아시아의 질서를 어떻게 세울 것인가 연구하기 시작했습니다. 그 결과 미

국은, 일정 기간 강대국들이 한국을 신탁 통치한 후 독립시킨다는 계획을 세우게 되었지요. 신탁 통치는 국제연합(유엔)으로부터 위임받은 나라가 일정한 지역의 정치를 대신해주는 것을 말합니다. 미국은 한국이 오랫동안 일본의 지배를 받아 당장 독립할 능력이 없기 때문에 신탁 통치가 필요하다고 주장했습니다. 또 이렇게 해야 소련이나 중국 중 한 나라가 한반도 전체를 차지하는 것을 막을 수 있다고 생각한 것이지요.

강대국들은 전쟁 후에 일어날 여러 가지 문제를 논의하기 위해 자주 회의를 했습니다. 그때마다 한국의 문제에 대해서도 의견을 나눴습니다. 1943년 이집트 카이로에서 열린 회의에서 미국의 루스벨트* 대통령이 신탁 통치 안을 내놓았습니다. 함께 회의하던 영국의 처칠*, 중국의 장제스*도 이 의견에 동의했습니다.

한국이 신탁 통치 기간을 거쳐야 한다는 방침은 1945년 흑해 연안의 얄타*에서 열린 회의에서 다시 확인되었습니다. 이 회의에는 미국, 영국, 소련의 정상이 참석했습니다.

"신탁 통치 기간은 짧을수록 좋습니다."

소련의 스탈린*이 이렇게 말한 이유는 미국이 한반도에서 빨리 손을 떼게 하기 위해서였습니다. 또한, 이 회의 결과 소련은, 전쟁에 참여하는 대가로 미국과 함께 일본을 공동 관리할 수 있게 되었습니다. 미국과 소련의 이 약속은 일본 지배 아래 있던 한국에도 해당하는 것이었지요. 실제의 경계선을 긋지 않았을 뿐 한국의 분단은 얄타 회담에서 강대국 사이에 합의된 것이나 다름없었습니다.

전쟁이 끝난 후 연합국이 한국을 신탁 통치한다는 소식을 들은 독립운동가들은 이에 반대했습니다. 임시 정부 지도자들은 크게 화를 내며 미

*얄타 회담
1945년 2월 4일부터 소련의 휴양도시 얄타(지금은 우크라이나 영토)에서 열린 연합군 수뇌부 미·영·소 정상들의 회담. 제2차 세계대전 전후 처리 문제 등을 논의.

▶ 스탈린(1887~1975)
1922년부터 1953년까지의 소련 공산당 우두머리. 소련을 공업화하면서 농업을 강제로 집단화하는 등 독재적인 통치를 하였다. 제2차 세계대전에 참전하여 독일을 패배시키는 데 힘을 보탰고 동유럽의 여러 나라를 공산 국가로 만들었다. 스탈린은 그때까지 소련에 남아 있던 개인의 자유를 완전히 말살하고 국민을 가난으로 이끌면서 자신의 개인 숭배를 강요하였다.

국과 중국 정부에 카이로 선언에 대한 해명을 요구했지요. 하지만 두 나라는 임시 정부의 요구를 못 들은 채 했습니다. 임시 정부는 일본이 망하더라도 신탁 통치를 반대하겠다는 뜻을 밝혔습니다.

미국과 소련이 한반도를 나누어 점령하다

1945년 5월, 일본과 한 편에 서서 전쟁하던 독일이 무조건 항복하였습니다. 이후 독일 포츠담에서 열린 미국, 영국, 소련의 정상 회담에서 미국과 소련만이 한반도의 일본군과 싸우기로 결정했습니다. 이때까지만 해도 미국과 소련은 연합국으로서 서로 협조하고 있었지요. 그런데 미국의 루스벨트 대통령이 사망하고 난 후 상황이 달라졌습니다. 부통령이던 트루먼이 뒤를 이어 대통령이 되었는데 그는 소련의 참전을 원치 않았습니다.

▶ 원자폭탄 투하
미국은 1945년 8월 6일 히로시마에, 8월 9일엔 나가사키에 원자폭탄을 투하했다. 이 폭격으로 그해 말까지 히로시마에서 14만 명, 나가사키에서 7만 명이 사망하였다. 생존 피해자도 35만 7,000여 명에 달했다.

트루먼은 미국 혼자만의 힘으로 전쟁을 끝내고 싶었지요. 그래서 8월 6일과 9일에 일본 히로시마와 나가사키에 원자폭탄을 떨어뜨린 것입니다.

그렇지만 모든 일이 미국의 예상대로 되지는 않았습니다. 일본은 쉽게 항복하지 않았고 소련은 8월 8일 일본에 선전 포고를 했습니다. 소련도 전쟁에 참여하게 된 것이지요. 일본이 항복한 것은 8월 11일이었지만 소련군은 8일부터 한반도를 향해 움직이기 시작했습니다. 소련이 한반도를 단독으로 점령하는 것을 막기 위해 미군도 서둘러 군대를 이동시켰습니다. 하지만 소련군은 미군보다 가까운 곳에 있었기 때문에 한반도에 먼저 들어올 수 있었지요. 다급해진 미군은 소련이 남쪽으로 더 내려오는 것을 막기 위해 북위 38도선을 두 나라 사이의 경계선으로 정하자고 제의했습니다. 소련이 이 제의를 받아들였고 8월 27일까지 38선 이북의 북한 전 지역을 점령했습니다. 미군은 9월 8일 인천을 통해 서울로 들어와 일본군과 조선총독부의 항복을 받았습니다.

▶ 해리 S. 트루먼(1884~1972)
루스벨트 대통령의 갑작스런 죽음으로 부통령직에서 대통령직을 이어받았다. 제2차 세계대전에서 독일의 항복을 받아냈고 태평양 전쟁에서 일왕의 항복을 받아냈다. 김일성이 일으킨 남침 전쟁에 즉각 미군 투입을 결정, 한반도 적화를 막았다. 포츠담 선언과 일본에의 핵공격을 최종 결정하고 전후에는 국제연합 창설을 제창했다.

2.
소련군이 점령한 북한

1945년 8월 15일, 드디어 우리 민족은 일본으로부터 해방되었습니다. 광복절 노래 가사에 "흙 다시 만져 보자, 바닷물도 춤을 춘다"라는 구절이 있습니다. 얼마나 기뻤으면 늘 밟고 다니던 조국의 흙도 새롭게 느껴지고 바닷물도 춤추는 것처럼 보였을까요? 하지만 그 기쁨은 얼마 가지 못했습니다. 북위 38도선을 경계로 남한과 북한이 분단되었기 때문입니다.

그때까지 한반도에 남아 있던 일본군을 몰아내기 위해 남한에는 미군이, 북한에는 소련군이 들어오게 되었습니다. 북한에 먼저 들어온 소련군 사령부는 '인민 정부 수립 요강'을 발표했습니다. 이 요강의 제1조에는 "소비에트 연방*은 끝끝내 노동자 농민 정권의 수립을 미국 · 영국 · 중국에 제안할 것"이라고 쓰여 있습니다. '끝끝내'라는 말 속에 북한을 자신들과 같은 공산주의 국가로 만들겠다는 소련의 굳은 의지가 드러나 있습니다. 소련은 이 의지를 실천하기 위해 철저히 준비하고 있었습니다.

소련군, 38선에서 남북잇는 철도 도로 통신 끊어… 분단의 시작

북한을 점령한 소련군은 곧바로 38선을 통제하였습니다. 8월 말, 우선 남북을 잇는 경원선과 경의선 철도와 도로를 모두 막았습니다. 9월 6일에는 통신을 끊고 우편물이 오가는 것도 금지했습니다. 원래 38선은 미소 연합국이 점령지를 구분 짓기 위한 단순한 경계선이었지요. 그런데 소련은 남한과 북한을 분단시키는 정치적 경계선으로 만들어버렸습니다.

소련군은 북한 주민들로 하여금 인민위원회를 조직하게 하였습니다. 각 지역의 행정을 맡을 조직이 필요했기 때문이지요. 소련군은 조선총독부가 가지고 있던 모든 권한을 인민위원회에 넘기도록 했습니다. 소련군은 미군과 달리 직접 군정을 실시하지는 않았습니다. 소련은 점령군이 아닌 해방군으로 남아 주민들의 환심을 사려고 했지요. 그러면서 뒤에서 인민위원회를 조정했습니다. 결국 북한 사회는 소련군의 뜻대로 움

*소비에트 연방

소비에트 사회주의 공화국 연방으로, 이를 줄인 말이 소련(蘇聯)이다. 1922년부터 1991년까지 유라시아 대륙에 자리 잡았던 세계 최초의 공산주의 국가. 소련의 면적은 22,402,200km²로서 지구의 전체 육지 면적의 6분의 1에 달했다. 1917년 2월 혁명으로 러시아 제국이 멸망한 후 러시아에서는 내전이 일어났는데 그 내전에서 승리한 세력이 세운 나라였다. 제2차 세계대전 이후 소련과 그 위성 국가들은 미국과 서방 세계에 맞서게 되었고 양측에서 갈등과 긴장, 경쟁 상태가 이어졌다. 1980년대 말 화해의 분위기가 조성되고, 경제 상황이 나빠진 공산 국가들이 동요하는 등 국제 동향에 변화가 생겼다. 이런 변화의 흐름을 받아들인 소련의 지도자 고르바초프는 소련 공산당을 해산하였고 1991년 12월 25일 소련은 공식적으로 해체되었다.

▶ 북한에 진주하는 소련군

얄타 회담에서 미국은 일본과의 전쟁에 참여할 것을 소련에 요청하였고, 소련은 이를 받아들였다. 소련은 일본이 항복하기 직전인 1945년 8월에 일본과의 전투를 치르면서 한반도 동북 지역에 들어오기 시작하였다.

▶ 김일성을 환영하는 군중대회
김일성의 본명은 김성주이다. 만주에서 일본군에 대한 게릴라활동을 하다가 소련령으로 도주, 소련군의 조선인 부대에서 대위가 됐다. 전후 스탈린의 면접을 거쳐 북조선의 리더로 보내졌다. 34세의 김성주는 김일성 장군으로 소개되어 북한 주민들 앞에 나타났다. 사진은 평양 시민 환영대회에서의 김일성의 모습. 오른쪽 끝은 소련군 정치부장 로마넨코이다.

▶ 박헌영(朴憲永, 1900~1955)
조선공산당의 지도자. 1940년 이후 조선총독부의 탄압을 피해 광주의 벽돌 기와 공장의 노동자로 위장 취업하여 공산당 운동을 지도했다. 해방 후 조선공산당을 재건, 좌파 정치인으로 활동하다 월북, 북한에서 부총리와 외무부 장관을 역임. 그러나 1955년 한국 전쟁의 책임을 묻는 김일성에 의해 처형되었다.

직이게 되었습니다.

　소련은, 겉으로는 미국과 공동위원회를 열어 한국에 통일 정부를 세우는 문제에 대해 의논했습니다. 하지만 속으로는 북한만의 공산주의 정부를 세우는 작업을 진행하고 있었습니다. 공산주의 정부를 세우기 위해서는 하루라도 빨리 북한에 공산당을 만들어야 했습니다. 이를 위해 소련군은 김일성(金日成)을 북한의 미래 지도자로 정했습니다. 1945년 9월 북한에 들어온 김일성은 소련의 지시로 공산당을 조직하였습니다.

　그해 10월, 김일성은 소련군의 강력한 지원 아래 조선공산당 북조선 분국을 만들었습니다. 그런데 이는 공산주의의 1국 1당 원칙에 어긋나는 일이었습니다. 이 원칙은, 공산당은 한 나라에 하나만 있어야 한다는 것인데 이미 남한에 조선공산당이 있었던 것이지요. 서울에서 조선공산당을 이끌던 박헌영*(朴憲永)은 크게 반발하였습니다. 하지만 소련군이 설득하여 박헌영의 동의를 받아냈습니다.

　소련군은 평양에서 김일성을 환영하는 군중대회를 열고 김일성이 홀

륭한 독립운동 지도자라고 주민들에게 선전했습니다. 12월에는 조선공산당 북조선 분국이라는 이름을 북조선공산당으로 바꿨습니다. 이는 평양의 공산당이 더 이상 서울의 조선공산당 아래 있지 않다는 뜻이지요. 김일성은 북조선공산당의 가장 높은 자리인 책임 비서로 뽑혔습니다.

소련군은 일본에 협조했던 사람들을 몰아낸다며 공산주의에 반대하는 사람들을 인민위원회에서 다 내쫓았습니다. 결국, 인민위원회에는 소련군과 공산당의 말을 잘 듣는 사람들만 남았지요. 11월 19일 소련군은, 5도 인민위원회연합회를 열어 북한 지역 행정 기구로서 북조선 5도 행정10국을 설립하였습니다. 실제로 이 기구를 움직이는 힘은 공산당에게 있었지만, 이 기구의 국장 자리는 여러 당파의 인사들에게 나누어주었습니다. 겉으로는 민족 통일 전선을 위해 일하겠다고 내세웠기 때문입니다. 소련군은 여러 당파를 이끌어갈 자치위원회의 위원장에 **조만식***(曺晩植)을 앉히려 했습니다. 하지만 조만식은 이 자리를 거절했지요. 민족주의자였던 조만식은 남북한을 아우른 통일 정부가 필요하다고 생각했던 것입니다.

▶ 조만식(曺晩植 1883~1950)

독립 운동가이며 교육자·정치가. 조만식은 간디의 무저항주의와 민족주의 사상을 자신의 독립운동의 기초로 삼았다. 평북 정주의 오산학교 교장을 지내다 1919년 3·1운동을 위해 교장직을 사임하였다. 1922년 조선물산장려회를 조직하고 회장이 되어 국산품 장려 운동을 펼치기도 했다. 이때부터 그는 '조선의 간디'로 불렸다. 해방 이후 평안남도 건국준비위원회·인민정치위원회의 위원장으로 일했지만 소련이 북조선 인민정치위원회 위원장 취임을 권고하자 이를 거부했다. 그는 민족주의자들을 모아 조선민주당을 창당하고 반공 노선을 뚜렷하게 내세웠다. 제자들이 남한으로 내려가기를 권했지만 이를 거절했다. 소련이 내세우는 신탁통치안을 반대하다 갇힌 이후 6·25전쟁 때 인민군에 의해 목숨을 잃었다고 한다.

북조선 임시 인민위원회 조직

1945년 12월 말, 소련의 수도 모스크바에 미국·영국·소련의 외무부 장관들이 모였습니다. 한국을 어떻게 독립시킬 것인가에 대해 회의(모스크바 3상회의*)를 하기로 한 것이지요. 그 회의에서는 다음과 같은 결정이 내려졌습니다.

"한국의 각 계층이 참가하는 임시 정부를 수립한다. 새로 수립된 이

정부와 협의하여 미·소·영·중 4국이 최대 5년 동안 신탁 통치를 한다. 이를 추진하기 위해 미국과 소련 두 나라의 공동위원회를 둔다."

소련은 이렇게 남북한 통일 정부를 만들기 위한 회의에 참가하면서도 실제로는 북한만의 정부를 만들려는 작업을 진행하고 있었습니다. 소련은 미소 공동위원회가 열리기도 전인 1946년 2월 8일 북한에 북조선 임시 인민위원회를 만들고 김일성을 위원장에 앉혔습니다. 겉으로는 정부나 정권이라는 말을 사용하지 않았지만 북조선 임시 인민위원회는 사실상 북한만의 단독 정부나 다름없었지요.

모스크바 회담의 결정에 따라 남북한에 걸친 민주적 임시 정부가 수립될 예정이었는데 북한의 공산주의자들이 서둘러 북조선 임시 인민위원회를 만든 이유는 무엇일까요? 김일성은 곧이어 만들어질 임시 정부가 자신들의 인민민주주의 개혁의 바탕을 뒤집을지도 모른다고 생각했습니다. 그래서 그런 일을 미리 막기 위해 북한에 중앙집권적 권력 기관을 만

▶ 북조선 임시 인민위원회 수립
  선포식(1946.2)

"김일성 장군의 20개 강령을 그
기초로 하여 조선임시정부를 수
립하자"라고 쓰인 대형 선전물이
보인다. 마르크스, 엥겔스의 초상
화와 나란히 김일성의 초상화가
걸려 있다.

들어 개혁을 강력하게 추진해야 한다고 주장했습니다.

이때 소련군과 김일성파는 '북조선 민주기지론'이라는 주장을 내세웠
습니다. 이 주장은, 당장 한국 전체를 '민주화'하기 어려우므로 북한을 먼
저 '민주화'하고 이를 기지로 삼아 남한까지 '민주화'한다는 전략이지요.
그런데 그들이 말한 '민주화'란 우리가 알고 있는 민주주의로 만든다는
얘기가 아닙니다. 인민민주주의를 거쳐 공산주의로 나아가는 혁명 과정
을 말하는 것입니다.

1946년 3월 23일 북조선 임시 인민위원회는 김일성의 이름으로 '20개
조 정강'을 발표했습니다. 이 정강이 앞으로 세워질 임시 정부에서 쓰여
야 한다는 것이었지요. 그 주요 내용은 다음과 같습니다.

• 일제(日帝) 통치의 온갖 잔재를 몰아낼 것

*반동분자

한자로는 反動이고, 영어로는 Reaction. 작용에 대한 반작용의 뜻으로, 1796년 프랑스 대혁명의 와중에서 왕정을 몰락시킨 공화파의 사상에 반대하여 과거로 회귀하려는 왕당파를 반동분자(Reactionist)로 부른데서 시작된 말이다. 우리나라에서는 6·25 때 북한의 공산주의자들이 자유주의적 사상을 가진 대한민국 사람들을 지칭하는데 사용되었다.

*민법(民法)

사람이 사회 생활을 영위하며 지켜야 할 법 중에서 일반적으로 적용되는 법. 대한민국의 민법은 1958년 2월 22일에 공포되어 1960년 1월 1일부터 시행되었다. 민법은 헌법이나 형법과 함께 한 국법의 기본 골격을 형성하는 매우 중요한 법률이다.

- 일제가 만든 법률과 재판 기관을 모두 없앨 것

- **반동분자***나 반민주주의분자와 무자비하게 투쟁할 것

- 전체 인민의 자유와 재산을 보장할 것

- 주요 산업과 대기업을 국유화할 것

- 개인 수공업과 상업의 자유는 허락할 것

- 지주들의 토지를 빼앗아 농민에게 무상으로 나누어줄 것

이처럼 소련군과 공산주의자들은 앞으로 한국에서 세워질 국가가 인민민주주의를 거쳐 공산주의 체제로 나아가야 한다는 생각에 조금의 흔들림도 없었습니다. 인민의 자유와 재산을 보장한다고 하였지만, 이제껏 그것을 보장해왔던 **민법***은 없애버렸습니다. 또 신체의 자유를 보장해왔던 사법 제도와 재판 기구도 폐지되었습니다. 그것들 모두 일본이 만들었다는 이유 때문이었습니다.

무상 몰수와 무상 분배로 이뤄진 토지 개혁

"5정보(49,587㎡) 이상의 모든 땅은 지주에게서 무상 몰수하여 농민에게 무상 분배한다."

1946년 3월 5일 북조선 임시 인민위원회는 이런 내용의 토지 개혁 법령을 발표하였습니다.

제2차 세계대전이 끝난 후 여러 나라에서 토지 개혁이 시행되었습니다. 남한은 물론 미 군정 아래 있던 일본에서도 토지 개혁이 시행되었지요. 하지만 자유민주주의 사회에서는 지주에게 돈을 주고 땅을 사들여 농민에게 돈을 받고 나누어주는 방법을 택했습니다. 지주의 개인 재산권

도 보호되어야 하기 때문이지요. 그에 비해 공산주의로 나아가려는 나라들은 북한처럼 지주의 땅을 보상 없이 빼앗아(무상 몰수) 농민에게 돈을 받지 않고 나눠주는(무상 분배) 방법을 선택했습니다.

북한의 공산당은 토지 개혁을 하기 위해 동리별로 농촌위원회를 만들었습니다. 이 농촌위원회는 5~9명의 **빈농과 고농***(雇農)이 중심이 되었습니다. 농촌위원회는 자신이 사는 동리의 토지 대장을 만들어 몰수하고 분배할 토지를 선정하였습니다. 북한 전 지역에 걸친 토지 개혁이 약 20일 만에 모두 끝났습니다. 얼마나 급작스럽고 과격하게 시행되었는지 이 짧은 기간만 봐도 짐작할 수 있지요.

농민들은 돈 안 내고 인민위원회로부터 땅문서를 받았지만 실제로 그 땅의 주인이 된 것은 아니었습니다. 그 땅을 남에게 팔거나 빌려줄 수도 없었지요. 농민들이 받은 권리는 그 땅에서 농사지을 수 있는 권리(경작권, 耕作權)에 지나지 않았습니다.

하지만 농민들은 땅을 거저 받았다며 기뻐하였습니다. 그래서 90,000

*빈농(貧農)과 고농(雇農)
빈농은 가난한 농민, 고농은 남의 집일을 도와주면서 그 집에 얹혀사는 농민을 일컫는 말이다.

여 명이나 되던 농촌위원회 위원들은 앞다투어 북조선공산당에 가입했습니다. 농민이 농사지을 땅을 가질 수 있는, 진정한 좋은 세상을 공산당이 만들어준다고 믿었기 때문이지요. 이들은 이후 북한 공산주의 체제를 확실하게 믿고 따르는 지지자가 되었습니다. 그와 반대로 40,000여 호의 지주들은 고향에서 쫓겨났고 대부분 남한으로 도망쳐왔습니다. 이로써 북한에는 공산주의를 지지하는 사람들만 남게 되어 북한은 정치적 안정을 이룰 수 있었습니다.

재산은 한 인간이 경제적으로 홀로 서거나 정치적 자유를 얻는 데 매우 중요한 요소입니다. 근대 문명과 자유민주주의의 가장 소중한 가치는 개인의 자유와 재산을 보호하는 것입니다. 그런데 개인의 자유를 이야기하면서 그의 재산을 인정하지 않는 것은 앞뒤가 안 맞는 일입니다. 또 근대 문명의 흐름에도 거스르는 일이지요.

혁명적인 토지 개혁으로 처음에는 농민들이 땅을 거저 받는 것 같았습니다. 하지만 머지않아 농민들은 받았던 땅을 다시 빼앗기는 엄청난 비극을 겪게 되었지요. 개인의 자유와 재산을 송두리째 부정하는 공산주의 체제가 들어섰기 때문입니다.

북한의 토지 개혁은 민족 분단의 실마리를 제공한 사건이었습니다. 재산권에 관련된 제도는 한 사회와 국가의 가장 기본적인 밑받침입니다. 그러니 그것을 개혁하는 일은 사회와 국가의 뿌리를 바꾸는 작업이라고 할 수 있지요. 소련군과 북한의 공산주의자들은 그렇게 중요한 개혁을 남한과 한 마디 상의도 없이 진행해버렸습니다. 이는 남한 사람들이 뭐라 하든 자신들은 공산주의로 가겠다는 확실한 의지를 보여준 것입니다.

또 재산을 빼앗긴 지주, 부농, 자본가들이 남한으로 내려왔는데, 그

수가 북한 전체 인구의 10분의 1이나 되었습니다. 이들은 당연히 공산주의를 세상에서 가장 미운 적으로 생각했습니다. 그래서 이들은 남한에서 강력한 반공 전선을 만드는 데 중심 역할을 하게 되었습니다.

토지 개혁에서 비롯된 이런저런 이유로 남한과 북한이 대화와 타협을 통해 통일된 국민 국가를 세울 가능성은 완전히 사라지고 말았습니다.

전체주의로 치달은 북한의 사회 개혁

북한에서는 토지 개혁에 이어 사회 개혁도 급진적으로 진행되었습니다. 우선 공산주의에 반대하는 사람들을 친일파, 반동분자, 반민주분자라며 나쁜 사람으로 평가하였습니다. 그리고는 그들을 각급 인민위원회에서 숙청하였지요. 또 지주, 친일파, 이기주의자, 개인주의자, 자유주의자 등은 낡은 인간의 상징으로 몰아세우고 일반 인민 사이에서 철저히 차별받게 만들었습니다.

그 대신 인민민주주의 혁명에 필요한 새로운 인간상을 만들어냈습니다. 이런 새로운 인간의 상징은 김일성이었습니다. 김일성은 항일 무장 투쟁을 이끈 영웅이자 개선장군으로 선전되었지요. 1946년 7월에는 김일성 대학이 세워져 그를 **우상화***하는 작업이 시작되었습니다. 북한은 개인의 자유가 사라지는 **전체주의*** 체제로 변해가고 있었습니다.

북한에서는 일본이 만든 법률과 제도를 모두 없앤다고 했습니다. 그런데 일본이 전쟁을 치르기 위해 만들었던 통제 경제 체제는 그대로 유지하였습니다. 통제 경제 체제는 국가가 경제 활동의 자유를 제한하거나 간섭하는 제도이지요. 일본이 식량을 강제로 걷어가던, **공출제***라는 제도는

*우상화(偶像化)
사람이나 사물이 숭배의 대상이 되는 현상.

*전체주의(全體主義)
개인의 자유를 허용하지 않고 개인 생활의 모든 부분을 정부의 권위와 통제 아래 두려고 하는 정부 형태. 이탈리아의 독재자 무솔리니가 1920년대 초반에 처음 사용한 용어로, 그는 전체주의를 "국가 안에 모두가 있고, 국가 밖에는 아무도 존재하지 않으며, 국가에 반대하는 그 누구도 존재하지 않는 것"이라고 설명했다.

*공출제(供出制)
정부나 지방 자치 단체가 필요한 물자를 국민으로부터 강제적으로 거둬들이는 것. 일본은 1943년부터 모든 곡물을 대상으로 강제 공출 제도를 실시하였다. 또 1944년에는 식량을 공출해가기 위해 곡물 생산을 늘릴 것을 강요했다. 1944년 일본은 전체 곡물 생산량의 60%를 공출로 거둬갔다.

*국유화(國有化)

사유 재산을 관리하거나 소유하는 권한을 국가가 갖는 것. 국유화에는 회사의 자산을 아예 국가에 넘기는 경우와 국가의 관리 아래에 회사 경영은 계속하지만 그 자본을 국가에 넘기는 경우도 포함된다.

이름만 성출제(誠出制)로 바꿔 그대로 시행했습니다. 북한의 지배자들은 쌀은 물론 보리와 콩 등 밭에서 나는 작물까지 강제로 걷어갔습니다. 일본이 만든 마을 단위의 생산 책임제도 '증산(增産) 격돌대'라고 이름만 바꿔 계속되었습니다.

1946년 말 북한의 공업 시설의 90% 이상이 **국유화***되었습니다. 국유화된 각 생산 시설마다 생산 책임제와 비슷한 목표량이 정해졌습니다. 북한의 경제는 사회주의 계획 경제로 변해가고 있었던 것이지요.

북한의 지배자들은 전체주의적 개혁과 함께 북한만의 정부를 세우려는 일도 치밀하게 진행했습니다. 1946년 7월 북한이 공산화되어야 한다고 생각하는 모든 정당과 사회단체가 모여 북조선 민주주의 민족통일전선을 만들었습니다. 이때까지 이루어진 철저한 숙청 때문에 공산화에 반대하는 정당이나 단체는 하나도 남아 있지 않았습니다.

10월에는 도 · 시 · 군 인민위원회 위원을 뽑는 선거를 실시하였습니다. 이 선거는 북한에서 주민 대중이 참가한 최초의 선거였지요. 그런데 이 선거는 여러 명의 후보자 중 한 사람을 뽑는 선거가 아니었습니다. 한 사람의 후보자에 대해 찬성 아니면 반대만 할 수 있는 선거였습니다. 그것도 선거 관리인이 지켜보는 가운데 찬성표는 하얀색 상자에, 반대표는 검은색 상자에 넣는 공개 선거였습니다.

이렇게 뽑힌 위원들은 1947년 2월 평양에서 인민위원회 대회를 열고 대의원을 뽑아 북조선 인민회의를 구성하였습니다. 이는 우리의 국회에 해당하는 기관이지요. 북조선 인민회의는 북조선 인민위원회를 만들었는데 이것이 북한을 통치할 정식 정부였습니다. 김일성을 위원장으로 뽑은 이 위원회를 북한 사람들은 정부라 하지 않고 최고 집행 기관

또는 정권 기관이라 불렸습니다. 하지만 이 위원회는 화폐 개혁을 하고 인민 계획 경제를 시행하며 인민군을 만드는 등 정부가 하는 일은 모두 맡아서 했지요.

1946년을 거치면서 북한은 남한과는 모든 면에서 차이가 나는, 다른 모습의 사회로 바뀌어 갔습니다. 북한의 지배자들은 공산주의를 따르지 않는 정치 세력과 사회 계층은 모두 없애버리고 1947년 초, 인민민주주의 정치 체제를 만드는 데 성공한 것입니다.

3.
미 군정 시기의 남한

해방 후 3년 동안 남한은 미국군의 통치를 받아야 했습니다. 이때를 미 군정 시기라고 합니다. 해방의 기쁨은 잠시뿐, 조국이 분단되고 외국의 군대가 들어와 우리나라를 다스린다고 하는 데다가 좌익, 우익으로 편이 갈려 서로 싸우는 등 여러 가지 사건이 연이어 일어났습니다. 그래서 남한 사람들은 불안한 나날을 보내게 되었습니다. 대한민국이 세워지기 전, 그 혼란스러웠던 3년 동안 우리나라에서는 어떤 일들이 일어났을까요?

미국군이 남한에 들어오다

미국은 남한을 통치하기 위해 소련만큼 많은 준비를 하지 않았습니다. 다만 한국인들은 스스로 정치를 이끌어갈 능력이 없다고만 여겨 영국, 소련, 중국과 함께 신탁 통치할 생각만 하고 있었지요. 이렇게 하면 한국이 소련이나 중국의 세력 아래 들어가는 것을 막을 수 있고, 미국이 원하는 중립 지대로 남아 있을 것이라 판단한 것입니다. 미국은 자신들의 강력한 군사력으로 다른 세 나라를 마음대로 움직일 수 있다고 생각했습니다. 하지만 그 생각은 잘못된 것이었습니다.

남한에 들어온 미군이 미 국무부로부터 받은 과제는 일본군을 무장 해제시키고 치안(治安)을 유지하는 것이었습니다. 신탁 통치를 할 국제 민간 행정 기구가 들어오기 전까지 사고가 일어나지 않도록 지키기만 하면 되는 것이었지요. 남한에 남아 있던 일본의 요소를 없애고 자유민주적 개혁을 하는 것은 미 군정의 과제가 아니었습니다. 그래서 미 군정은 일제강점기에 쓰이던 법령이나 행정 기구를 바꾸려 하지 않았습니다. 남한 주민의 **시민적 자유***와 **정치적 자유***는 인정했지만 다만 정부라고 부르는 정치 단체를 만들거나 남한만의 단독 정부를 만들려는 활동은 금지했습니다. 소련과 함께 통일 정부를 만들려는 논의를 하고 있었기 때문입니다.

미 군정의 생각은 미 국무부와 조금 달랐습니다. 미 군정은 한국인이 얼마나 독립을 간절히 원하는지, 신탁 통치를 얼마나 반대하는지 알고 있었습니다. 그래서 미 군정은 국무부의 신탁 통치 계획을 마땅치 않게 생각했습니다. 미 군정은 이승만, 김구 등 미국에 대해 좋은 감정을 가지고

*시민적 자유

기본적인 인권의 하나로, 국가의 제한을 받지 않고 자유롭게 생각하고 자유롭게 행동할 수 있는 권리. 대한민국 헌법은 제2장 제10조에 '모든 국민은 인간으로서의 존엄과 가치를 가지며, 행복을 추구할 권리를 가진다. 국가는 개인이 가지는 불가침의 기본적 인권을 확인하고 이를 보장할 의무를 가진다'라고 함으로써 기본권 존중주의를 규정하고 있다.

*정치적 자유

자신의 정치적 의사를 표현하거나 정치 활동을 할 수 있는 자유. 여기에는 정치적 목적을 위한 언론·출판·집회·결사·단체 행동의 자유와 정당의 자유·선거의 자유 등이 포함되어 있다.

*과도 정부(過渡政府)
어떤 정부가 공식적으로 출범하기 전까지만 임시로 유지되는 정부.

▶ 여운형(呂運亨, 1886~1947)
경기 양평 출생. 한학을 공부했으나 1908년 기독교로 개종, 평양신학교에 입학했으나 중퇴하고 1913년 중국으로 건너갔다. 1918년 신한청년당을 만들어 김규식을 파리평화회의에 파견, 1919년 상하이 임시 정부에 참여하였다. 1920년 고려공산당에 가입, 1921년 모스크바에서 열린 원동(遠東) 피압박민족대회에 참여하였다. 1929년 상하이에서 체포되어 국내로 압송, 대전형무소에서 3년간 복역하였다. 1933년에 감옥에서 나와 조선중앙일보사 사장에 취임하였다. 1944년 비밀결사인 조선건국동맹을 조직하였다. 해방을 맞아 안재홍 등과 건국준비위원회를 조직, 조선인민공화국의 성립을 선포했으나 실패하였다. 이후 좌우 합작 운동을 추진하던 중 1947년 암살되었다.

있는 정치 세력을 모아 남한에서 **과도 정부***를 만들려고 했습니다. 또 이 과도 정부를 앞으로 한국에 만들어질 통일 정부의 주춧돌로 삼으려 했습니다. 그래야 소련이 남한에 손을 뻗치는 것을 막을 수 있다고 생각한 것이지요. 하지만 미 국무부는 미 군정의 이런 뜻을 무시해버렸습니다.

미국군이 남한에 들어오기 전에 남한에는 이미 많은 정치 단체가 만들어져 있었습니다. 가장 먼저 만들어진 단체는 **여운형***(呂運亨)이 이끄는 건국준비위원회(건준)였습니다. 1945년 8월 말에 만들어진 건준에는 여운형 같은 중도 좌파와 조선공산당 출신의 좌익, 우익 성향의 민족주의자들이 고루 참여했습니다.

9월 3일에는 박헌영을 중심으로 조선공산당이 다시 세워졌습니다. 공산당 세력은 건준에도 손을 뻗쳐 그 지도부를 차지했습니다. 좌익 성향을 띠게 된 건준은 9월 6일 조선인민공화국(인공 : 人共)이라는 정부 설립을 선포하였습니다. 선포 다음 날, 인공은 조직을 이끌어갈 사람들의 명단을 발표했습니다.

"인공의 주석으로 미국에 있는 이승만을 추대하고, 부주석에는 여운형, 내무부 장관과 외무부 장관은 중국에 있는 김구와 김규식으로 정한다. 또 재정부장과 문교 장관은 북한의 조만식과 한민당의 김성수(金性洙)로 결정한다."

겉보기에는 인공이 우익 성향의 인사들을 중요한 자리에 앉힌 것으로 보입니다. 하지만 인공은 좌익이 자신들의 세력을 유지하기 위해 성급하게 세운 정치 단체였을 뿐입니다. 공개적이고 법에 따라 제대로 만들어진 정부가 아니었던 것이지요. 그래서 높은 자리에 추대되었던 우익 인사들은 여기에 참여하지 않았습니다.

▶ 이승만과 김구

정부 수립 방법을 놓고 현실주의자인 이승만은 남한 단독 선거의 길을, 민족 이상주의자인 김구는 남북 협상의 길을 고집함으로써 우익 진영의 두 거두가 갈라섰다. 사진은 서울운동장에서 열린 임시 정부 환국 환영식에서 대화를 나누는 이승만(왼쪽)과 김구(오른쪽)의 모습이다.

우익 세력은 건준과 조선공산당에 맞서기 위해 9월 4일 한국민주당 (한민당)을 만들었습니다. 김성수(金性洙)를 비롯한 한민당의 중심 인물들은 일제강점기에 일본과 미국에 유학을 다녀온, 교수·변호사·의사·언론인·작가 등의 지식인들이었습니다. 땅을 많이 가진 지주와 자본가들도 한민당을 지지했지요. 이후 한민당은 임시 정부와 이승만의 자유민주주의 세력과 힘을 합해 대한민국을 건국하는 데 중심 세력이 되었습니다.

미군은 직접 군정을 펼치기 위해 군정청(軍政廳)을 세웠습니다. 미군이 들어오기 전까지 수십 개의 정치 단체가 생겨났지만 미군은 어떤 조직도 인정하지 않았습니다. 임시 정부는 물론 이미 활동을 하고 있던 인공도 부정하였습니다. 그럼에도 불구하고 인공은 스스로 정부임을 고집했지요. 이에 미 군정은 인공의 활동을 불법이라며 경찰력을 동원하여 금지했습니다.

미 군정은 오히려 우익 정치 세력에게 협조해 줄 것을 요청했습니다. 1945년 10월 초, 미 군정 장관의 **고문단*** 11명을 임명했는데, 중도 좌파

*고문단(顧問團)

국가나 민간 단체의 기관에서 생기는 정책적·전문적 사항에 대해 의견을 내놓거나 조언을 해주도록 조직한 모임.

의 여운형과 북한에 있던 민족주의자 조만식이 포함되어 있었을 뿐 나머지 아홉 명은 한민당 간부와 그와 비슷한 성향의 인물들이었습니다.

미 군정은 총독부의 행정부 조직은 없애지 않았습니다. 다만 일본 사람들이 차지했던 높은 관리의 자리는 우익 성향의 한국인이 대신하게 하였지요. 하지만 한국인이 맡았던 총독부의 낮은 직급의 관리와 경찰은 그대로 직책을 유지하도록 하였습니다.

1945년 10월 중순, 미국에서 이승만이 귀국했습니다. 미 국무부는 이승만의 귀국에 협조하지 않았습니다. 이승만은, 미국에 있을 때 임시 정부를 승인해달라고 요구했고 소련을 계속 비난해서 미국과는 불편한 관계였기 때문입니다. 하지만 미 군정과 도쿄의 연합군 사령부(GHQ)는 이승만의 귀국을 적극적으로 도왔습니다. 공산주의 세력을 막으려면 이승만과 같은 영향력 있는 독립운동가가 필요하다고 생각해서였지요. 많은 한국인이 이승만의 귀국을 환영했습니다.

▶ 이승만의 귀국
1945년 10월 16일 귀국한 이승만이 20일 연합군 주최 환영회에서 공개 연설을 하고 있다. 5만 명의 군중이 모인 자리에서 "뭉치면 살고 흩어지면 죽는다"라며 단결을 외쳤다.

귀국 후 이승만은 독립촉성중앙협의회(독촉)를 만들었습니다. 독촉은 공산당과 한민당 등 200여 개나 되는 좌우 정당과 사회단체를 모두 아우르며 시작하였습니다. 하지만 얼마 지나지 않아 좌익은 빠져나가고 우익만의 단체가 되어버렸습니다.

미 군정은 중국에 있던 대한민국 임시 정부(임정)의 귀국에도

▶ 임시 정부 귀국
1945년 11월 23일 대한민국 임시 정부 요인들이 귀국할 때 찍은 기념 사진. 앞줄 왼쪽부터 이시영(한복 입은 사람), 김구, 김규식, 조소앙, 신익희의 모습이 보인다.

협조적이었습니다. 미 군정은 임정의 귀국을 환영하면서도 임정의 주요 인물들이 개인 자격으로 돌아올 것을 요구했습니다. 임정이 미국 등 연합국으로부터 정부로 승인받지 못했기 때문이지요. 1945년 11월 임정도 한국인들의 열렬한 환영을 받으며 귀국했습니다. 임정은 귀국 후에도 대한민국 임시 정부라는 이름을 사용했습니다. 하지만 미 군정이나 다른 정치 세력에게 인정받지는 못했습니다.

신탁 통치를 결정한 모스크바 협정

1945년 12월 모스크바에서 열린 미국·소련·영국 외무부 장관 회의에서 미국은, 유엔의 헌장에 따라 **신탁 통치***를 위한 행정 기구를 만들자고 제안했습니다. 하지만 이 제안은 소련에게는 불리한 것이었습니다. 유엔에서는 미국의 입김이 강했기 때문이지요. 소련은 최소한 북한만은 자신들이 마음대로 할 수 있는 나라로 만들고 싶었습니다. 그래서 한국 문제에 대해 자신들이 확실하게 거부권을 쓸 수 있는 공동위원회를 만들기 원했습니다.

*신탁 통치(信託統治)
제2차 세계대전 결과 패전국 일본으로부터 분리되는 지역인 한반도를 승전국인 미국·영국·소련·중국이 협의하여 이 지역이 자치 능력을 갖출 때까지 승전국들이 대신 통치해 주겠다는 것.

"미국과 소련 두 나라의 공동위원회를 만들어 한국의 임시 정부와 신탁 통치에 대해 협의하게 합시다."

소련의 속마음까지 알 수 없었던 미국은 소련이 협조적인 태도를 보인다고 생각하고 이 제안을 받아들였습니다. 이 협정을 통해 소련은, 자신들의 이익에 맞지 않는 정부가 한국에 들어서는 것을 반대할 수 있게 되었습니다. 그 결과 소련에 대해 반대 견해를 보이던 남한의 우익 세력을 임시 정부 수립을 위해 협의할 단체에서 빼버릴 수 있었습니다.

모스크바 협정은, 겉으로는 한국에 하나의 정부를 세우는 것을 목적으로 하고 있습니다. 하지만 시작부터 미국과 소련은 서로 다른 생각을 가지고 있었던 것이지요. 결국 이 협정은 남북통일에는 도움이 되지 못했습니다. 오히려 남북이 서로 다른 체제의 두 국가로 분단되는 데 힘을 더했을 뿐입니다.

반탁과 찬탁의 소용돌이

"소련의 주장으로 한국에서 5년간 신탁 통치를 하게 되었다."

12월 28일 아직 모스크바 협정이 정식으로 발표되지도 않았는데 미국의 신문들은 이런 기사를 실었습니다. 정확하지 않은, 잘못된 보도가 실린 것이지요.

하지만 이 소식이 국내에 알려지자 남한의 우익 세력은 모두 일어나 반대하였습니다. 그들에게 신탁 통치는, 스스로를 다스릴 능력이 부족한 미개한 민족에게나 실시되는 수치스러운 일로 여겨졌기 때문입니다. 우익 세력은 모스크바 협정이 발표된 다음 날부터 전국적으로 신탁 통치 반대(반탁 : 反託) 운동을 벌였습니다.

반탁에 앞장선 단체는 중국에 있었던 임정이었습니다. 김구는 애당초 임정의 정부 지위를 부정했던 미 군정에 대한 불만도 노골적으로 드러냈습니다.

"임정이 한국의 유일한 정부이며 우리는 미 군정의 통치권을 받아들이지 않겠다."

이런 임정의 항의에 동의한

▶ 반탁 시위
신탁 통치를 반대하는 민족통일자주독립시민대회가 1946년 1월 3일 서울운동장에서 수만 명이 모인 가운데 열렸다. 이날까지만 해도 좌우익 모두가 한 목소리로 신탁 통치를 반대했다.

▶ 찬탁 시위
신탁 통치 반대를 외치다가 소련의 지령을 받고 갑자기 찬성으로 입장을 바꾼 좌익 세력의 남산 군중대회.

상인들은 상점의 문을 닫았고 일부 노동자들은 파업을 했습니다. 하지만 미 군정의 하지 사령관은 임정의 정면 도전에 강력하게 경고하였지요. 김구는 그 경고에 굴복하였고 그의 권고로 상점들은 다시 문을 열었으며 파업도 중단되었습니다.

미 군정을 부인하려는 시도는 실패로 돌아갔지만 독립된 과도 정부를 만들려는 임정의 노력은 계속되었습니다. 임정은 우선 모든 반탁 세력을 모아 비상정치회의를 소집하였습니다. 이 회의에서 각계 지도자를 선정하여 지금의 국회와도 같은 비상국민회의를 결성하였지요. 비상국민회의는 과도 정부 세우는 일을 할 최고 정무위원 뽑는 일을 김구와 이승만에게 맡겼습니다. 최고정무위원 28명의 명단을 발표했고 이런 과정에서 이승만과 김구는 힘을 합해 대한독립촉성국민회(독촉국민회)를 만들었습니다.

미 군정은 미 국무부와 달리 신탁 통치에 반대했습니다. 소련의 지휘로 북한에 단독 정부가 들어선 것을 가까이서 봤던 미 군정은 남한에서도 우익 세력을 모아 단독 정부를 만들어야 한다고 생각한 것입니다. 그래서 우익 세력이 힘을 합하자 미 군정은 비상국민회의 최고정무위원들에게 중요한 역할을 맡겼습니다. 이들을 군정의 자문 기구인 남조선 대한국민대표 민주의원(민주의원)으로 위촉한 것입니다. 의장으로는 이승만이 뽑혔습니다.

우익 세력의 이런 움직임과 반대로 좌익 세력은 신탁 통치를 찬성(찬탁 : 贊託)했습니다. 이들도 처음에는 반탁을 주장했습니다. 하지만 모스크바 협정을 지지하라는 소련의 지령을 받고 태도를 바꿨습니다. 찬탁을 주장하기 시작한 것이지요. 좌익은 우익의 비상국민회의에 맞서 민주주의 민족전선이라는 통일 전선을 만들었습니다. 군중들을 모아 찬탁 시위도 했고요.

이때 일반 국민은 신탁 통치에 대해 어떻게 생각하고 있었을까요? 많은 남한 국민이 우익의 반탁 노선을 지지했습니다. 민족주의 정서가 강했던 덕분이지요. 또 좌익이 반탁을 주장했다가 입장을 정반대로 바꾼 것도 국민들에게 불신을 안겨주었습니다. 이때까지는 남한에서도 우익보다 좌익 세력의 영향력이 컸는데 모스크바 협정 이후 상황이 달라졌습니다. 반탁과 찬탁의 대립은 우익 세력에게 유리한 쪽으로 상황이 움직이게 해주었습니다.

모스크바 협정은 북한에도 커다란 변화를 가져왔습니다. 북한 공산당은 처음에는 찬성해야 할지 반대해야 할지 입장을 정하지 못했습니다. 하지만 소련군의 지시로 바로 지지하는 쪽으로 돌아섰지요. 나아가 김일성은 북한에서만이라도 모스크바 협정을 먼저 실시하자고까지 주장하였습니다.

북한에서도 우익 세력을 대표하는 조선민주당의 조만식은 신탁 통치를 반대했습니다.

"신탁 통치는 우리 민족을 모독하는 것이니 절대 받아들일 수 없소."

소련군은 찬탁 결의에 반대하는 조만식을 가둬버렸습니다. 이때 체포되지 않은 조선민주당 간부들은 소련군을 피해 남한으로 내려와 반공·반탁 운동에 힘을 더했습니다.

깨져버린 제1차 미소 공동위원회

1946년 3월 서울 덕수궁에서 미소 공동위원회가 열렸습니다. 이 위원회는 모스크바 협정에 따라 한국에서 민주적 임시 정부를 만드는 일을 협의하기 위해 열린 것입니다.

그런데 회의가 열리기 전부터 미국·영국 등 자유 진영과 소련의 공산 진영 사이의 대립이 심해지고 있었습니다.

"영국과 미국은 소련과 영구적인 우호 관계를 유지하려고 하였습니다. 하지만 동유럽에 **철의 장막***이 내려졌습니다. …… 동서를 막론하고 전 지구상에 그림자가 드리워지고 있습니다. ……"

영국의 전 총리 처칠은 미국에서 소련을 비난하는 연설을 했습니다. 미국도 영국과 같은 생각을 가지고 있었습니다. 소련은 오히려 처칠이 전쟁광이라며 맞잡아 비난했지요. 또 제2차 세계대전을 승리로 이끈 소련의 국경 지대에 충성스러운 정부를 세우는 것은 자연스러운 일이라고 주

*철(鐵)의 장막
제2차 세계대전을 승리로 이끈 처칠 전 영국 총리는 1964년 미국 미주리주 웨스트민스터대학 강연에서 "공산국가들이 유럽 대륙을 가로질러 '철의 장막'을 형성했다"라는 유명한 말을 했다. 처칠은 장막 안의 국가들이 소련의 지도에 따라 서방 제국과의 교섭을 끊고 마치 쇄국(鎖國)과 같은 상태가 되었다고 소련을 비난했다. 철의 장막은 스탈린 사망 이후 서서히 무너지기 시작했다.

▶ 미소 공동위원회

미소 공동위원회가 1946년 1월 16
일부터 열다섯 차례에 걸쳐 서울
덕수궁 미술관에서 개최되었다.
한민족의 반대에도 불구하고 신
탁 통치를 논의하기 위해 진행되
었던 이 위원회는 그해 5월 폐회
되었다. 사진은 첫 회의에 앞서 대
화를 나누는 남한 점령군 대표 하
지 중장(왼쪽에서 다섯번째)과 북
한 점령군 대표 스티코프 대장(하
지의 오른쪽).

장했습니다. 물론 북한도 그 '충성스러운 정부' 중에 포함되었습니다.

소련은 미소 공동위원회에 참석하는 소련군 대표단에 다음과 같은 지령을 내렸습니다.

"한반도에 들어설 통일적 임시 정부는 **내각책임제***가 되도록 하라. 내각의 구성은 남과 북에 균등한 몫을 분배하되, 남쪽 대표의 절반은 좌익이 차지하도록 하라."

이렇게 소련은, 한국에 들어설 정부가 소련 편이어야 한다는 방침을 정하고 회의에 앞서 철저한 준비를 했습니다.

미 군정의 하지 사령관도 미소 공동위원회가 열리기 전, 미국의 입장을 발표했습니다.

"언론 · 집회 · 신앙 · 출판 등의 자유는 절대적이며 그것을 한국에서 확립하는 것이 미국의 목표이다. 통일적 임시 정부를 실질적으로 세우기 위해 38선의 국경선 기능을 없애고 남북의 경제를 통합해야 한다. 또 남북의 정치 세력이 자유롭게 상대방 지역을 방문하여 활동할 수 있어야 한다."

미국은, 한국에 들어설 임시 정부는 자유민주주의를 따르는 세력이 주

* 내각책임제

의회의 여당으로 조직된 내각이
행정부와 의회의 핵심을 이루는
정치 제도. 내각책임제는 1714년
영국에서 시작되었다. 독일 하노
버 왕가의 조지 1세가 영국 왕위
에 올랐지만 영어도 모르고 영국
정치에도 관심이 없어 국왕을 대
신하여 총리가 내각 회의를 열었
던 데서 비롯된 제도이다.

도해야 한다고 굳게 믿고 있었던 것이지요.

서울에 온 북한의 소련군 사령관 스티코프는, 회담 전날 만찬에서 다음과 같은 연설을 했습니다.

"한국에서 수립될 민주적 임시 정부는 모스크바 협정을 지지하는 정당과 단체로만 구성되어야 한다. 그래야 임시 정부가 한국에 남아 있는 일본의 요소를 몰아내고 또 국내의 반동분자들과 결정적으로 싸워서 진정한 민주 제도를 수립할 수 있다."

이 말에는, 우익 세력이 임시 정부에 참여하지 못하게 하려는 의도가 담겨 있었지요.

소련과 미국의 입장 차이는 공동위원회가 열리자마자 더욱 심각하게 드러났습니다. 가장 큰 문제는 임시 정부 수립을 위해 공동위원회가 협의할 정당과 사회단체를 정하는 것이었습니다. 소련군 대표는 스티코프의 말대로 모스크바 협정을 반대하는 단체는 제외해야 한다고 주장했습니다. 그대로 가면 신탁 통치를 반대하는 남한의 우익 정당과 사회단체는 모두 제외될 판이었습니다. 그렇게 되면 소련이 원하는 대로 좌익이 이끄는 친소(親蘇) 정부가 만들어지겠지요.

하지만 이에 대해 미국이 동의하지 않았습니다. 미국은, 신탁 통치에 반대하는 세력을 제외하는 것은 언론의 자유를 부정하는 일이라고 맞섰습니다. 모든 정당과 사회단체에는 언론의 자유가 있기 때문에 신탁 통치에 대해 찬반 의견을 자유롭게 표현할 수 있다는 것이지요.

소련은 타협안을 내놓았습니다.

"비록 과거에 신탁 통치를 반대했더라도 앞으로 모스크바 협정을 지지하고 공동위원회가 내릴 결정에 따를 것을 서약한다면 협의 대상에서 제외하지 않겠다.”

미국은 이 제안에 동의했지만 남한의 우익 진영은 서약할 수 없다고 하였습니다. 결과적으로 신탁 통치를 받아들이는 것이 되기 때문입니다.

미 군정의 하지 사령관은 우익 진영이 서약하게 하도록 또 다른 입장을 발표했습니다.

“이 서약이 앞으로 신탁 통치에 대한 찬반 의견을 발표할 수 있는 자유를 구속하지 않는다.”

하지 사령관의 발표를 믿고 남한의 반탁·우익 세력이 모두 서약서에 서명하였습니다. 그러자 소련은, 하지의 해석은 모스크바 협정의 본질을 파괴하는 것이라고 비난했습니다. 또 남한의 우익 세력에게도 반동분자들이라고 비난했습니다. 앞으로도 신탁 통치에 반대하겠다는 입장을 취하면서 공동위원회가 내놓은 서약서에 서명한 것은 기만적인 행동이라는 것이었지요. 두 나라 대표는 더는 의견을 좁히지 못했고, 이로써 제1차 미소 공동위원회는 깨지고 말았습니다.

●
임시 정부를 만들자고 주장한 이승만

1946년 6월 3일 이승만은 전북 정읍에서, 남한의 자유민주주의 세력이 선택할 노선을 밝히는 유명한 연설을 했습니다.

“이제 무기 휴회된 공동위원회가 다시 열릴 기색도 보이지 않으며 통일 정부를 고대하지만 뜻대로 되지 않으니 우리는 남방만이라도 임시 정부 혹은 위원회 같은 것을 조직하여 38 이북에서 소련을 철퇴(撤退)하도록 세계 공론(公論)에 호소하여야 할 것이니 여러분도 결심하여야 할 것입니다.”

이 발언에 나온 '남방만의 임시 정부 혹은 위원회'는 훗날 분단을 전제하고 생겨난 남한의 대한민국 같은 정부를 직접 가리키는 것은 아니었습니다. 그것은 미소 공동위원회가 만들려고 한 통일적 임시 정부의 남한만의 조직을

뜻하는 것이었습니다. 북한에는 그때 이미 북조선 임시인민위원회라는 임시 정부가 들어서서 활동하고 있었습니다. 이승만은 북한의 인민위원회에 대처하기 위해 남한도 임시 정부를 만들어야 한다고 말한 것입니다. 이승만의 이 발언은, 남북한 전체가 공산 국가가 되지 않기를 바란다면 당연히 택할 수밖에 없는 선택이었지요.

이승만이 보기에는, 통일적 임시 정부를 세우기 위해 소련과 협상하는 것은 위험한 일이었습니다. 한반도 전체를 공산 국가로 만들 우려가 있었기 때문입니다. 소련은 이미 북한을 친소 공산 국가로 이끌어가고 있었는데 그 흐름을 바꿀 리 없었지요. 미국도 한반도를 공산화하려는 소련에 대해 양보할 생각은 조금도 없었습니다. 미 군정의 간부들은 남과 북이 서로 다른 체제의 국가로 분단되어 갈 현실을 잘 알고 있었습니다. 하지만 미국과 소련, 남북한의 정치 세력은 분단의 책임을 피하기 위해 협상을 계속할 것을 고집했습니다.

그런 상황 속에서도 북한에서는 공산주의 사회로 바꾸어가는 작업이 속속 이뤄지고 있었습니다. 반면 남한에서는 좌우 진영의 대립이 점점 더 심각해지고 있었고요. 이처럼 위험하고 불안정한 상황을 이겨내려면 남한의 우익과 중도 세력이 힘을 모아야 했습니다. 하루빨리 단합하여 자

*단정론(單政論)
남한만이라도 단독 정부를 세우자는 주장.

유민주적 통일 전선으로 남한만의 임시 정부를 세울 필요가 있었습니다. 이승만의 정읍 발언은 이런 취지에서 나온 것입니다.

그렇지만 당시 남한의 여러 정치 세력과 언론은 이승만의 발언을 강하게 비판했습니다. 민족의 분단을 가져올 '**단정론***(單政論)'이라는 것이었지요. 좌익 세력만 비판한 것이 아닙니다. 중도파는 물론 김구의 임정까지도 이승만을 비판했습니다. 미 군정도 모스크바 협정을 따르려는 미국의 정책에 어긋난다고 비판했습니다. 그렇다면 이들은 북한에 임시 정부 격으로 들어선 북조선 임시인민위원회도 같은 이유로 비판했어야 했지요. 하지만 북한에 대해서는 민족의 분단을 가져오는 행위로 비판하지 않았습니다. 당시 남한의 정치 세력들은 북한의 정세를 객관적으로 판단하지 못했습니다. 오로지 민족 통일 정부의 수립이라는 과제에 깊이 빠져 있었기 때문에 이렇게 한쪽으로 기울어진 판단이 나온 것입니다.

외곬으로 치닫는 좌익의 투쟁

미소 공동위원회가 깨진 이후, 박헌영이 지도자였던 조선공산당은 노선의 방향을 바꿨습니다. 미 군정에 본격적으로 맞서 싸우기로 한 것입니다. 다른 세력과의 협조나 지원 없이 일하려니 조선공산당은 활동 자금이 부족했습니다. 그들은 돈을 마련하기 위해 위조 지폐를 만드는 범죄를 저지르게 되었습니다. 1946년 5월 미 군정이 이를 잡아내어 대대적인 수사에 들어갔습니다. 이 사건으로 조선공산당은 미 군정에게 완전히 등을 돌려버렸지요.

경찰의 수사를 피해 지하로 숨어버린 박헌영은 법에 어긋나는 폭력 노선을 선택했습니다. 방어하기보다는 공격하고, 도망치기보다는 미 군정을 노골적으로 공격하자는 구호도 내걸었지요. 미 군정은 박헌영을 비롯한 공산당 간부를 모두 체포하려고 했습니다. 또 국민을 선동하는 내용을 실은 좌익계 신문을 폐간시켰습니다.

이때 박헌영은 북한으로 도망쳤습니다. 북한에서도 박헌영은, 미 군정에 대항하여 폭력적인 투쟁을 벌이라고 남한의 좌익 세력에게 명령했습니다. 이 명령에 따라 남한의 좌익 세력은 여러 가지 폭력적인 투쟁을 벌였습니다. 좌익의 전국적 노동단체인 조선노동조합 전국평의회(전평*)는 9월 하순에 일어난 노동자 총파업을 도왔습니다. 하지만 파업은 경찰과 우익 노동 단체에 의해 강제 해산되었습니다.

그런데 이 노동자 파업이 10월에 전국적 농민 폭동으로 이어졌습니다. 농민 폭동은 대구에서 시작되었습니다. 노동자 파업을 지지하는 시위대에 경찰이 총을 쏘아 시위대원 한 명이 사망하는 사건이 일어난 것입니다. 화가 난 시위대는 경찰서를 공격하고 경찰과 관리들을 습격했습니다. 이 폭동이 전국의 농촌에까지 퍼져 나간 것이지요. 이때 경찰관 200여 명이 목숨을 잃었고 훨씬 더 많은 수의 민간인이 사망했습니다. 그에 대해 경찰과 우익 단체들은 강하게 반격했습니다. 폭동에 가담했다가 붙들린 사람이 수만 명에 이를 정도였습니다.

10월 폭동을 계기로 경찰과 우익 세력은 공산당을 아예 뿌리 뽑으려 하였습니다. 또 전평은 간부와 조합원들이 죽거나 붙잡힘으로써 조직이 약해져 우익 노동 단체인 대한노총에 주도권을 빼앗기게 되었습니다. 조선공산당은 대중을 선동하여 미 군정을 공격하려다 자신들이 더 큰 손해를 입었습니다. 이후 좌익 세력은 더 이상 일반 대중에게 영향을 미칠

*전평(全評)

1945년 11월 세워진 남로당계 좌파 계열의 노동조합으로 대한민국 건국과 동시에 비합법화 되었다.

수 없게 되었습니다.

그런 가운데 남한의 조선공산당, 인민당, 남조선 신민당 등 좌익 세 정당은 남조선노동당(남로당)으로 통합하였습니다. 북한에서 북조선공산당과 신민당이 북조선노동당(북로당)으로 통합한 데 보조를 맞춘 것입니다.

"좌익과 우익이 손을 잡으시오"

미 국무부는 제1차 미소 공동위원회가 깨진 후에도 모스크바 협정에 미련을 버리지 못했습니다. 세계대전을 같은 편에서 치른 소련을 여전히 믿고 있었기 때문이지요. 미 국무부 관리들은 오히려 이승만과 김구가 중심이 된 남한의 우익 세력을 믿지 않았습니다. 소련을 비판해온 이승만과는 이전부터 불편한 관계였고, 이승만과 김구가 중국 국민당 정부의 영향을 받고 있다고 믿었습니다. 미 국무부는 소련과 협상하는 데 이 두 사람이 장애가 된다고 생각했습니다. 그래서 제1차 미소 공동위원회가 열리기 전, 이승만을 민주의원 의장의 자리에서 물러나게 했습니다.

이승만과 김구는 미소 공동위원회가 깨진 후에도 소련에 반대하는 입장을 굽히지 않았습니다. 미 국무부는 이들이 미국의 목표를 방해한다고 비난했지요. 아예 이들을 제거하고 미국의 정책에 협조할 새로운 정치 세력을 키우라고 미 군정에 지시했습니다. 이 지시에 따라 미 군정은 좌우 진영 사이에서 중도적인 입장을 취하고 있던 김규식과 여운형을 불렀습니다.

'여운형의 중도 좌파를 공산당에서 떼어내어 김규식이 이끄는 중도 우파와 손을 잡게 하자. 그러면 대중의 지지도 얻고 소련의 경계도 누그러

뜨릴 수 있다. 또 그들을 중심으로 정부가 만들어진다면 한국은 미국에도 우호적인 국가가 될 것이다.'

이것이 미 군정의 구상이었습니다. 이런 미 군정의 구상에 따라 중도 우파의 김규식, 한민당의 원세훈(元世勳) 등과 중도 좌파의 여운형, 조선공산당의 허헌(許憲) 등이 좌우합작위원회를 구성하였습니다.

조선공산당의 박헌영은 좌우 합작에 반대했습니다. 그러면서도 좌우 합작위원회에 합작 5원칙을 내놓았습니다. 합작 5원칙은 모스크바 협정 지지, 토지 개혁, 인민위원회로 행정권을 옮길 것, 과도 입법의원 반대 등입니다. 이는 우파 진영에서는 받아들일 수 없는 내용이었지요. 우파도 8개 원칙을 내놓았습니다. 신탁 통치를 제외한 모스크바 협정 지지, 민주적 자유 확립 등이 그 내용이었습니다. 물론 이에 대해 박헌영은 반대하였지요. 그런데 북한의 김일성은 좌우 합작을 지지하며 여운형을 지원했습니다. 경쟁자인 박헌영을 없앨 수 있는 기회라고 생각했던 것입니다.

좌우합작위원회는 두 진영의 의견을 절충하여 다음과 같은 '좌우합작 7원칙'을 발표했습니다.

- 모스크바 협정에 따라 남북을 통한 좌우 합작으로 민주주의 임시 정부를 만든다.
- 이를 위해 미소 공동위원회를 다시 연다.
- 유·무상 몰수와 무상 분배의 토지 개혁을 행한다.
- 좌우합작위원회의 주도로 입법 기구를 설치한다.
- 친일파 및 민족 반역자를 처리할 조례를 입법 기구가 제정한다.

이 원칙을 둘러싸고 좌파는 좌파대로, 우파는 우파대로 각각 내부에서 심각한 다툼이 일어났습니다. 결국, 정치권이 모두 의견을 모으는 진

*냉전(冷戰)

제2차 세계대전 후 미국을 중심으로 한 자유 진영과 소련을 중심으로 한 공산 진영이 대립한 상황. 당시 실제 총알이나 폭탄이 사용된 것은 아니지만 전투나 다름없는 치열한 대립 상황이었음을 나타내는 말이다. 이 용어는 미국의 대통령 고문이었던 버나드 바루크가 1947년 의회에서 처음 사용했다. 1990년 9월 12일 미국·소련·영국·프랑스 등 제2차 세계대전 전승국들이 독일의 통일을 인정함으로써 냉전 체제가 사라지게 되었다.

정한 합작은 이루지 못했습니다.

하지만 미 군정은 좌우합작 7원칙에 호응하여 남조선 과도입법의원을 설치하였습니다. 이는 국민이 뽑는 민선 의원 45명, 미 군정이 선정하는 관선 의원 45명으로 구성되었습니다. 1946년 10월 민선 의원에 대한 간접 선거가 이뤄졌습니다.

좌익은 이 선거 자체를 반대했고 결국, 민선 의원 대부분은 우익 인사들로 뽑혔습니다. 이를 본 미 군정은 관선 의원을 좌파와 온건 우파 인물로 채우며 과도입법위원 의장에는 김규식을 임명하였습니다. 이런 미 군정의 태도에 이승만과 김구는 크게 반발하였습니다. 이승만은 미국 워싱턴으로 가서 미 국무부의 한국 정책에 대해 비판했습니다.

"남북이 통일될 때까지 남한에 임시 정부를 세워서 유엔에 가입시키고 그 임시 정부가 미국과 소련을 상대로 직접 협상하게 해야 합니다."

이것이 이승만의 주장이었습니다. 이 주장에 대해 많은 미국 사람이 호응했지만 미국 정부의 책임자는 이승만을 만나주지도 않았지요.

이승만이 미국에서 활동할 무렵 미국과 소련은 냉전*을 공식화하였습니다. 미국 대통령 트루먼은 공산주의 체제를 현재의 국경선에서 막겠다는 정책을 발표했습니다. 이로써 40년 동안 계속된 동서 냉전의 시대가 열렸습니다. 변화한 국제 사회의 분위기 때문에 미국은 이승만의 주장에 귀를 기울일 수밖에 없는 상황이 되었습니다.

●
제2차 미소 공동위원회도 깨졌다

1947년 1월 미 국무장관이 바뀌었습니다. 새 장관 마셜*은 소련에 대해 강경한 입장을 가지고 있었지만 미국은 여전히 소련과의 협상을 통해 한반도의 문제를 해결하려 했습니다. 그에 따라 5월에 제2차 미소 공동위원회가 열렸습니다. 소련 대표는 제1차 회담 때 내걸었던 주장을 바꾸지 않았습니다. 임시 정부에는 남과 북이 동등한 비중을 가지고 남측 대표 중에서도 좌우가 같은 수로 구성되어야 한다는 것이었지요.

그런데 이런 문제는 협상장에 나오지도 못한 채 위원회가 깨지고 말았습니다. 미국 대표는 회담을 다시 열기 위해 중대한 양보를 하였습니다. 반탁 세력의 언론 자유에 대한 보장을 포기한 것이지요. 공동위원회에 참여하려는 정당이나 사회단체는, 모스크바 협정과 공동위원회의 노력을 지지한다는 서약서를 참가 신청서와 함께 제출해야 했습니다. 이승만과 김구를 중심으로 한 우익 진영은 서류 제출을 거부하며 모스크바 협정을 무효로 돌리고 한국 문제를 유엔으로 보낼 것을 주장하였지요. 그 밖의 다른 단체들은 두 나라가 원하는 서류를 제출하였고요.

7월 중순, 미소 공동위원회는 앞으로의 일을 위원회와 협의할 정당과 사회단체의 명부를 만들기 시작했습니다. 그때 소련이 제1차 회담 때와 똑같이, 반탁 투쟁한 단체는 협의에서 빼야 한다고 주장했습니다. 미국은 소련의 주장을 받아들일 수 없었지요. 결국, 제2차 미소 공동위원회도 제1차 때와 같은 문제에 부딪혀 한 발짝도 앞으로 나가지 못했습니다.

미국은 미·소·영·중의 4국이 회담을 열어 한국 문제를 협의하자고 제의했습니다. 하지만 소련은 끝까지 모스크바 협정을 지켜나갈 것을 고집했습니다. 1947년 9월 미국은 유엔 총회에서 한국 문제를 의논해줄 것을 요청했습니다. 유엔 총회는 이를 받아들였고 미 군정이 이끌어온 좌우 합작도 자연스레 없던 일이 되어버렸습니다.

▶ 조지 C. 마셜(1880~1959)
미 국무장관이었던 그는 1947년 6월 5일 하버드 대학교에서 한 연설에서 미국은 유럽의 자립 계획에 재정 지원을 할 의사가 있다고 말했다. 이 내용을 바탕으로 만들어진 계획을 마셜 플랜이라 한다. 이 계획에 힘입어 제2차 세계대전 후 서·남 유럽은 경제를 다시 일으킬 수 있었고 이는 민주주의 국가로서의 안정된 조건을 만들어주었다.

4.
대한민국을
세우다

소련과 남북한의 좌익 세력은 한국 문제가 유엔에 가는 것을 막으려고 안간힘을 썼습니다. 북한 전 지역에서는 한국 문제가 유엔에서 다뤄지는 것을 반대하는 군중대회가 열렸습니다. 또 김일성은, 통일 정부를 세우기 위해 남북한의 정당과 사회단체 대표들이 한 자리에 모여 협상하자고 제의했습니다. 그러면서 김일성은, 서울에 있는 북로당 공작원을 시켜 남한의 인사들을 자기편으로 끌어들이기 시작했습니다. 하지만 유엔 총회에서 한국 문제가 결의되는 것을 막을 수는 없었습니다.

유엔 총회에서 남북한 총 선거 결의

1947년 11월 14일 유엔 총회에서 한국 문제에 대해 다음과 같은 결의가 채택되었습니다.

- 남북한 전 지역에서 유엔 감시 아래 인구 비례에 의한 자유 선거로 국회를 구성한다.
- 그 국회가 남북에 걸친 통일 정부를 수립한다.
- 선거를 준비하고 감시하기 위해 유엔 한국임시위원단(유엔위원단)을 구성한다.
- 통일 정부가 만들어지면 90일 이내에 남북한에서 미국군과 소련군은 완전히 철수한다.

남한의 우익 진영은 이 같은 유엔 총회 결의를 환영했습니다. 임시 정부 수립을 주장하던 이승만은 물론 다른 정당을 이끌던 김구, 김규식도 환영하였습니다. 김구는, 소련의 방해로 북한에서 선거를 실시할 수 없다면 남한에서만이라도 선거를 실시하여 정부를 수립해야 한다고 했습니다.

▶ 1948년 1월 7일 서울에 도착한 유엔 한국임시위원단

다음 해 1월 유엔 총회의 결의에 따라 유엔위원단이 서울에 왔습니다. 남한에서는 유엔위원단의 활동이 순조롭게 이뤄졌지요. 하지만 유엔위원단은 북한에 들어가지 못했습니다. 소련군이 이 결의를 거부했기 때문입니다. 2월 말, 유엔 소총회는 남한에서만이라도 총 선거를 실시하게 하라고 결의하였습니다.

남한의 좌익은 유엔위원단의 활동을 막기 위해 격렬한 파업과 시위, 폭동을 일으켰습니다. 변전소를 파괴하고 전깃줄을 잘라버렸고 기관차를 부숴 열차 운행을 막았으며 전신 시설을 마비시키기도 했습니다. 농민들은 경찰지서를 습격하였고 학생들은 동맹 휴학하였지요. 이런 사태가 2주간이나 계속되어 100여 명이 사망하고 8,000여 명이 체포되었습니다.

남북 협상을 선택한 김구와 김규식

▶ 평양에 간 김구 일행
남북 협상을 위해 평양을 방문한 김구·김규식 일행이 을밀대 앞에 섰다.

1947년 12월 유엔 총회의 결의를 지지하던 김구와 김규식의 입장에 변화가 생겼습니다. 12월 20일 중도파 연합 단체는 남북 정치 단체 대표들의 회의를 제안하였습니다. 김규식은 이 제안에 반대하지 않았습니다. 그런데 김규식의 이런 태도는 유엔 총회의 결의를 지지하던 것과는 다른 태도였지요. 22일 김구도 남한만의 선거에는 절대 반대한다는 성명을 발표했습니다. 두 지도자는 미·소 두 나라 군대의 조기 철수와 남북 협상의 필요성을 주장

했습니다. 또 소련이 반대하는 총 선거는 추진하지 말자고 유엔위원단에 요청했습니다.

두 지도자는 2월 중순 남북 정치 지도자 회담을 제안하는 편지를 북한에 보냈습니다. 북한의 정권은 이 편지에 아무런 반응도 보이지 않았지요. 그러다 한 달도 더 지나 김일성이 오히려 회의 개최를 제의해왔습니다. 남북한의 모든 정당과 사회단체 대표들이 평양에 모여 회의를 하자는 것이었습니다. 그러면서 김구와 김규식에게 이 회의에 참석해달라는 편지를 보냈지요. 김구와 김규식은 북한으로 가기로 했습니다.

평양에서의 회의는 4월 19일부터 26일까지 열렸습니다. 이 회의에는 남북한의 56개 정당과 사회단체 대표 696명이 참가했습니다. 회의는 북한 정권이 미리 준비한 각본에 따라 진행되었습니다. 남쪽 대표들은 자유롭게 발언도 할 수 없었지요.

"미 제국주의자들의 식민지 정책과 그와 야합(野合)한 민족 반역자와 친일파가 추진하는 남한 단독 선거를 파탄시키자. 한국에서 외국 군대가 즉시 철수하도록 하고, 한국인 손으로 자주독립 국가를 만들게 하자는 소련의 제안을 수용하기 위해 강력히 투쟁하자."

미국과 이승만 등 정치인에 대한 비난으로 가득 찼던 회의는 이런 결

정서를 발표했습니다.

뒤이어 열린 남북지도자협의회에서는 다음과 같은 남북 공동 성명서가 채택되었습니다.

- 소련의 제의에 따라 남북한의 군대를 즉시 철수한다.
- 외국 군대를 철수한 후 내전이 발생할 수 없음을 확인한다.
- 남북 협상에 참가했던 정당과 사회단체들에 의해 전조선정치회의가 소집되어 민주적 임시 정부를 구성한다.
- 이 정부는 직접·보통·비밀 선거를 실시하여 입법 기관의 의원을 뽑는다.
- 이 입법 기관에 의해 헌법을 제정하고 통일적 민주 정부를 수립한다.
- 남한 단독 선거는 실시되더라도 결코 이를 인정하지 않는다.

이때 북한에서 열린 두 회의를 가리켜 남북 협상이라고 하지요. 위에

▶ 5·10선거
5천 년 한민족 역사상 첫 주권 행사인 국회의원 총 선거가 1948년 5월 10일 전국에서 일제히 실시되었다. 이 선거를 방해하기 위해 일부 지방에서는 폭동과 소요 사태가 일어나기도 했다.

나타난 것과 같이 남북 협상은 소련의 주장을 되풀이한 것이었습니다. 소련과 북한의 공산주의자들이 남북한에서 외국 군대를 즉시 내보내자고 한 이유는 무엇이었을까요? 북한의 공산주의자들은 해방 후 3년 동안 소련군의 도움으로 조직을 발전시킬 수 있었습니다. 그래서 자신들만의 힘으로도 남한의 우익 세력을 이기고 한국 전체를 공산화할 수 있다고 생각한 것입니다.

김구와 김규식은 민족의 분단을 막아보겠다는 마음으로 북한에서의 남북 협상에 참여했습니다. 하지만 남북 협상은, 아무것도 얻지 못한 채 소련과 북한의 입장만 선전해주고 끝나버렸습니다.

남한만의 총 선거

유엔위원단은 남한만의 총 선거를 실시해야 할지 한동안 망설였습니다. 김구와 김규식 같은 영향력 있는 정치인들이 반대했기 때문이지요. 이승만의 우익 진영은 유엔위원단을 필사적으로 설득했습니다. 드디어 유엔위원단은 1948년 5월 10일 이전에 남한에서의 총 선거를 실시하기로 결정했습니다.

선거를 치르기 전에 미 군정은 국회의원 선거법을 내놓았습니다. 이 법은 제1조에서 "국민으로서 23세에 달한 자는 성별, 재산, 교육, 종교의 구별 없이 국회의원의 선거권이 있음"을 선언했습니다. 한국 역사상 처음으로, 법률에 따라 자유롭고 평등한 정치적 주체로서 '국민'의 범주가 만들어진 것입니다. 또 한국 역사상 처음으로 **보통·자유·직접·비밀 선거***가 행해지게 되었습니다.

*보통·자유·직접·비밀 선거
보통 선거는 일정한 나이가 된 모든 국민에게 선거권을 인정하는 제도이다. 평등 선거는 누구든 한 사람이 한 표만을 행사할 수 있도록 한 제도이고, 직접 선거는 일반 선거인이 대표자를 직접 선출하는 제도이다. 비밀 선거는, 선거인이 누구에게 투표했는가를 제3자가 알지 못하게 하는 제도이다. 대한민국 헌법은 제41조 1항과 제67조 1항에서 국민의 보통·평등·직접·비밀 선거를 선거의 기본 원칙으로 규정하고 있다.

선거를 앞두고 남한은 커다란 혼란에 빠졌습니다. 선거를 막기 위해 좌익 세력이 무장 폭동 등으로 저항했기 때문입니다. 좌익 세력은 유권자를 협박하고 공무원을 살해했으며 선거 관련 시설을 파괴했습니다. 남북 협상에 참가했던 사람들도 선거에 참여하지 말라고 대중에게 호소했습니다.

하지만 남한의 우익 진영, 미 군정, 유엔위원단은 총선거가 잘 치러지도록 지원했습니다. 그 결과 5·10선거는 성공적으로 진행되었지요. 투표가 무효로 된 지역도 있었지만 전국 대부분의 유권자는 투표에 적극적으로 참여했습니다. 유엔위원단의 자료에 따르면 총 유권자의 71.6%가 투표를 한 것입니다. 선거 결과 198명의 국회의원이 당선되었습니다.

깊은 상처로 남은 제주 4·3사건

5·10선거는 전국 200개 선거구에서 치러졌습니다. 하지만 그중에 주민의 절반도 투표에 참가하지 않아 선거를 할 수 없었던 지역들이 있었습니다. 바로 제주도의 두 개 선거구였습니다. 5·10선거로부터 1년 뒤에 이 두 곳에서도 선거가 시행되었습니다. 그 1년 동안 제주도에서는 무장한 좌익 세력을 토벌하는 일을 치렀지요. 그 과정에서 죄 없는 양민이 여러 명 희생되는 비극이 일어났습니다.

남한에 들어온 미군은 조심스럽게 제주도를 점령해야 했습니다. 일본군이 제주도에 많이 남아 있었기 때문입니다. 항복한 일본군이 제주도를 떠나고 미군이 제주도에 상륙한 것은 1945년 11월 9일이었습니다. 그 사이 제주도에는 이미 인공의 지방 조직인 인민위원회가 자리 잡고 있었습니다. 이 무렵 제주도의 우익 세력은 힘이 별로 없었지요. 그래서 조선공산당 제주도당과 그의 영향을 받은 인민위원회가 제주도를 지배할수 있었습니다.

당시 인민위원회는 제주도민들의 지지를 받았고 미군과도 원만하게협조하고 있었습니다. 이때까지만 해도 인민위원회가 온건하게 활동한덕분입니다. 그런데 1946년 8월 제주도가 전라남도에서 분리되어 도(道)로 승격될 무렵부터 미 군정과 좌익 세력 사이에 갈등이 생기기 시작했습니다. 제주경찰감찰청이 새로 설치되면서 경찰의 수가 늘어나는과정에서 갈등이 싹튼 것입니다.

안에 쌓여 있던 갈등이 겉으로 터져 나온 것은 1947년 3·1절 기념 대회에서였습니다. 제주읍에서 열린 기념 대회에는 약 30,000명의 도민이 참가했습니다. 이는 당시 제주도민의 10분의 1에 해당하는 많은 수였지요. 이 대회에서 좌익 세력은 육지의 좌익 세력이 내건 구호를 외쳤습니다.

"모스크바 협정 즉시 실천하라!"

"미소 공동위원회를 다시 열어라!"

대회가 끝난 다음 주민들은 불법으로 가두 시위를 벌였습니다. 그때경찰이 탄 말에 여섯 살 어린이가 치는 사건이 일어났습니다. 어린이를친 줄 몰랐던 기마경찰은 그대로 달려갔고 화가 난 군중은 그에게 돌을던졌습니다. 이에 경찰은 군중에게 총을 쏘았고 이 사건으로 여섯 명이사망하고 여덟 명이 다쳤습니다.

이 사건은 조용하던 제주도를 들끓게 하였습니다. 총을 쏜 경찰이 육지에서 건너온 사람이라는 사실이 주민들을 더욱 화나게 하였습니다. 이

▶ 제주 4·3사건
제주 4·3사건은 공산주의 세력
이 대한민국의 건국에 저항하여
일으킨 무장 반란이다. 하지만 이
를 토벌하는 과정에서 죄 없는
양민의 인권이 짓밟히는 일이 일
어났다.

*서북청년회
해방 이후 좌익에 대항하여 활동
했던 우익 청년 단체. 주로 공산
당을 피해 38선 이북에서 내려온
청년들로 구성되었다. 이들은 과
격한 행동으로 좌익 세력을 공격
해서 당시 일부 사람들은 이들을
'백색 테러단'이라 부르기도 했다.
서북청년회는 1948년 12월 19일
대한청년단으로 흡수되면서 해체
되었다.

사건을 조사하러 제주도에 온 미군의 방첩대는 다음과 같은 결론을 내렸습니다.

"우발적인 사고를 빌미로 한 좌익 세력의 선동이 사태를 악화시켰다. 제주도 인구의 70%가 좌익 단체와 관련 있거나 그들을 돕는 사람들이다."

미 군정은 제주도에서 좌익 세력을 없애려고 하였습니다. 그래서 제주도의 관리들을 좌익에 강경한 사람들로 바꾸고 경찰을 더 많이 보냈습니다. 이와 함께 서북청년회*라는 우익 단체가 제주도에 들어갔습니다. 미 군정은 제주도에서 총 파업을 이끈 좌익 세력의 지도자들을 잡아들였습니다.

제주도당은 산간 지대로 아지트를 옮기고 청년들에게 군사 훈련을 시켰습니다. 경찰은 좌익 세력을 더욱 심하게 단속하였습니다. 이후로 좌익 청년들과 경찰 사이에서 서로 공격하고 보복하고 하는 일이 되풀이되었습니다.

1948년 4월 3일 새벽, 기어이 큰 사건이 벌어지고 말았습니다. 남로당으로 이름을 바꾼 공산당 제주도당 무장대가 경찰지서와 우익 단체를 습격하여 많은 사람을 죽거나 다치게 한 것입니다(제주 4 · 3사건).

헌법을 제정하다

5 · 10선거에서 당선된 의원들은 5월 21일에 헌법을 만들기 위한 국회를 열었습니다. 이 국회의 임기는 2년뿐이었습니다. 헌법을 만들고 정부를 세우는 것이 이 국회의 임무였기 때문입니다. 국회의장에는 이승만이 뽑혔습니다.

새 나라를 세우려면 우선 나라 이름을 정해야 했지요. 열띤 논쟁 끝에 대한민국이라는 국호가 정해졌습니다. 임시 정부의 이름을 그대로 따온 것이 아니라 국회에서 다수결로 새 나라의 이름이 정해진 것입니다.

또 중요한 문제는 정부의 형태였습니다. 국회의 의석을 많이 차지한 한민당은 내각책임제를 주장했습니다. 그래서 한민당 인사가 주도적으로 참여한 헌법기초위원회의 초안에는 정부 형태가 내각책임제로 되어 있었습니다. 그런데 이승만은 **대통령 중심제***가 되어야 한다고 주장했습니다. 나라 만들기 과제가 산더미처럼 쌓여 있는 신생국에서는 강력한 정치적 지도력이 발휘될 수 있어야 한다고 생각해서이지요. 이승만은 헌법기초위원회에 나아가 위원들을 설득하였습니다. 헌법기초위원회는 이승만의 뜻을 받

* 대통령 중심제

대통령을 중심으로 국정이 운영되는 정부 형태. '대통령 책임제'라고도 한다. 미국 독립 이후 최초로 채택된 대통령 중심제는 영국의 내각책임제와 군주제에 대한 반동으로 만들어졌다. 대통령 중심제는, 내각책임제와 비교할 때 입법부와 행정부의 조직과 활동이 독립적으로 유지된다는 특성을 가지고 있다.

▶ 「대한민국 헌법」 정본
한글과 한자로 쓰인 「대한민국 헌법」 정본.

아들였습니다. 정부 형태를 대통령 중심제로 정한 것입니다. 하지만 지금처럼 국민이 직접 대통령을 뽑는 것은 아니었습니다. 국회가 대통령을 뽑도록 만든 것입니다.

진통 끝에 7월 17일, 드디어 건국 헌법이 탄생했습니다. 지금도 제헌절이라는 국경일로 이날을 기념하고 있지요. 건국 헌법은 우선, "대한민국의 영토는 한반도와 그 부속 도서로 한다"라고 선언함으로써 통일의 의지를 확실히 밝히고 있습니다. 그리고 다음과 같이 자유민주주의 정치 체제의 이념을 확고히 하고 있습니다.

- 대한민국은 민주공화국이며, 그 주권은 국민에게 있고 모든 권력은 국민으로부터 나온다.
- 모든 국민은 법률 앞에서 평등하며 성별, 신앙 또는 사회적 신분에 의해서 정치적, 사회적 생활의 모든 영역에서 차별받지 않는다.
- 모든 국민에게는 신체의 자유, 거주와 이전의 자유, 신앙과 양심

의 자유, 언론·출판·집회·결사의 자유, 학문과 예술의 자유가
보장된다.

하지만 건국 헌법의 경제 체제는 사회민주주의 요소를 많이 담고 있었
습니다. 예를 들면 이런 내용입니다.

- 재산권은 보장하지만 경제 질서는 사회 정의의 실현과 국민 경제
  의 발전을 기본으로 하며, 각 사람의 경제상 자유는 이 한계 안에
  서 보장된다.
- 주요 지하자원을 국가의 소유로 하고 대외 무역을 국가의 통제 아
  래 둔다.
- 주요 산업을 국가가 운영하거나 공영(公營)으로 하고, 공공의 필요
  에 따라 개인의 기업도 국유 또는 공유로 바꿀 수 있다.
- 사기업의 근로자는 기업 이익을 고르게 나눌 권리가 있다.

건국 헌법은 미국·프랑스·독일 등 외국 헌법의 장점을 추려 만든 헌
법입니다. 우리 민족 전통 사회의 정신을 담아 서서히 만들어진 것이 아
니라 외부 세계로부터 갑자기 들어온 것이지요. 그래서 한국의 현실과 맞
지 않는 점도 많았습니다. 이런 점들은 수많은 시행착오를 거치면서 단
계적으로 고쳐나갈 수밖에 없었습니다. 이렇게 건국 헌법의 제정은 나라
만들기의 완성이 아니라 그 시작에 지나지 않았던 것입니다.

대한민국의 건국

제헌 국회에서는 대통령도 뽑았습니다. 이승만이 압도적인 지지를 얻
어 대통령에 당선되었고 부통령에는 임정에서 일하던 이시영*이 뽑혔

▶ 이시영(李始榮, 1868~1953)
임시 정부 수립에 참여했고 대한
민국의 초대 부통령을 지냈다.

습니다. 이승만 대통령은 광복군에
서 활동했던 **이범석***(李範奭)을 국
무총리로 하여 초대 내각을 구성하
였습니다.

　이승만 대통령은 농민과 노동자
등 사회의 밑바탕을 이루는 다수 국
민의 지지를 정치적 기반으로 삼고
자 했습니다. 그래서 지주, 자본가
와 같은 부유 계층을 정치적 기반으
로 하는 한민당과 갈라설 수밖에 없었지요. 이후 한민당은 자신들을 야
당이라 일컬었습니다.

　1948년 8월 15일 서울 세종로의 중앙청 광장에서 대한민국 정부 수립
을 선포하는 기념식이 성대하게 열렸습니다. 대한민국 정부는 이날 밤
자정, 미 군정으로부터 통치권을 넘겨받았습니다. 이로써 대한민국은 주
권을 가진 독립 국가로 우뚝 서게 되었습니다.

　12월 12일 제3차 유엔 총회는 48대 6의 압도적 다수로 대한민국을 승
인하였습니다. 또 유엔은 이 정부가 한국에서 유일한 합법적 정부라는
것도 선언하였습니다. 1949년 1월 1일 미국 정부가 맨 처음 대한민국을
승인했습니다. 뒤이어 자유 진영 국가들이 줄지어 대한민국을 승인하고
국교를 맺었습니다.

　대한민국은, 해방 후 나라 밖에서 돌아온 자유민주적 독립운동 세력과
국내에서 성장한 실력 양성파가 협동하여 세운 나라입니다. 이승만의 독
촉국민회, 김구의 임정과 한독당, 김성수의 한민당이 그 중심을 이뤘지

▶ 대한민국 정부 수립 기념식
1948년 8월 15일 서울 세종로의
중앙청 광장에서 대한민국 정부
수립을 선포하는 기념식이 성대
하게 열렸다. 이날 이후 대한민국
은 주권을 가진 독립 국가로 우
뚝 서게 되었다.

요. 이들이 만든 반공주의의 튼튼한 발판이 없었더라면 한국 전체는 북한 공산주의 세력의 손아귀에 들어갔을 가능성이 큽니다.

또 대한민국은 개항 이후 이 땅에서 성장한 근대 문명 세력에 의해 세워졌습니다. 성리학의 전통 사회로부터 자유민주주의의 근대 사회로 옮겨온 것을 뜻하기도 합니다. 우리 민족은 커다란 변화의 과정에서 혁명적 파괴를 거치지 않고도 나라를 세울 수 있었습니다. 겉으로 보기에는 낡은 사회 구조가 그대로 이어지고, 그 속에 성장한 계층이 그대로 사회를 지배하는 것으로 보일 수도 있습니다. 하지만 그 속에 장차 한국인의 정치적 자유와 경제적 풍요를 이끌어낼 문명의 잠재력이 듬뿍 담겨 있었던 것입니다.

북한에 들어선 조선민주주의인민공화국

대한민국이 건국될 무렵 북한에서도 조선민주주의인민공화국이 세워졌습니다. 1948년 4월 말 북조선인민위원회는 남북한 전체에 적용할 헌법 초안을 만들었습니다. 이 초안은 스탈린이 제정한 소비에트 헌법을 기초로 만든 것입니다. 인민위원회가 헌법 초안을 채택할 때 평양에서는 남북 협상이 진행 중이었습니다. 여기에는 남한의 정당·사회단체 인사들이 참여하고 있었지요. 북한 정권은, 겉으로는 남한의 인사들과 만나 머리를 맞대고 앞날을 논의하는 척 했지만 속으로는 한국 전체를 공산화하기 위한 계획을 실천하고 있었던 것입니다.

북한은 조선민주주의인민공화국을 세우고 그때까지 사용해온 태극기를 폐지했습니다. 그들은 인공기(人共旗)라 불리는 새로운 국기를 만들어 지금까지 사용하고 있습니다.

이런 상황에서도 북한의 공산주의자들은 제2차 남북지도자협의회를 하자고 제의했습니다. 김구와 김규식은 이번에는 참석하지 않았습니다. 6월 29일 북한 대표와 남한의 좌익 세력 대표만 평양에서 회의를 했습니다. 이 회의에서는 남한의 국회와 앞으로 수립될 정부가 반민주주의적인 미 제국주의의 앞잡이라고 비난했습니다. 그러면서 남북한에 걸친 선거를 실시하여 통일 정부를 만들자고 하였지요.

그 후 남한에서는 좌익 세력끼리 지하 선거를 실시하였습니다. 주로 밤에 좌익계 주민들에게 은밀하게 찾아가 미리 정해진 인민 대표를 지지하는 도장을 받았습니다. 그런 선거가 남한 주민의 자유로운 뜻을 대표한다고 할 수 없었습니다. 그렇게 뽑힌 좌익 세력 인민 대표 1,080명은 북한의 해주에 모여 남조선 인민대표자대회를 열어 거기서 또 360명의 대의원을 선출했습니다. 그 대의원은 조선최고인민회의에 참가할 사람들이었지요. 북조선 인민대표자회의에서도 대의원 212명을 뽑았습니다.

▶ 조선민주주의인민공화국의 초대 내각. 인민복 차림의 내각 총리 김일성의 좌우에 홍명희·박헌영 부총리가 서 있다.

9월 2일 572명으로 이뤄진 조선최고인민회의가 열렸습니다. 이 회의에서 조선민주주의인민공화국의 헌법이 채택되었지요. 이 헌법에서는, 인민공화국의 주권은 인민에 있으며 인민의 자유와 권리는 보장된다고 하였습니다. 물론 언론·출판·결사·집회의 자유도 보장된다고 하였습니다. 하지만 이 헌법에는 "조국과 인민을 배반하는 것은 최대의 죄악이며 엄중한 형벌에 의해 처단된다"라는 내용이 들어 있습니다. '조국과 인민을 배반하는 것'이 어떤 행위인지는 칼자루를 쥔 사람의 해석에 달린 것이지요. 이러니 국가나 정부에 대한 자유로운 비판은 불가능한 일이었습니다. 삼권 분립*에 의한 사법부의 독립이 보장되지 않은 것도 문제였습니다. 최고인민회의에서 선출되는 사법부는 사실상 행정부에 속해 있었던 것이지요.

또 이 헌법은 생산 수단이 국가, 협동 단체, 개인에 의해 소유된다고 하였습니다. 그중 가장 많은 것은 국가 소유였습니다. 개인의 소유도 인정한다고 쓰여 있었지만 개인의 인격권*과 재산권을 보호하는 민법은 북

*삼권 분립(三權分立)
입법·행정·사법의 기능을 각기 다른 기관에 나누어두고 그 기관들을 독립시켜 서로 견제하도록 한 제도. 프랑스의 몽테스키외가 처음 주장하였으며 권력 분립이라고도 한다.

*인격권(人格權)
자신의 인격을 자유롭게 표현하며 그 인격을 형성·유지하고, 보호받을 수 있는 권리. 명예권, 성명권, 초상권 등이 인격권에 포함된다. 명예권은 사회적 명예를 침해당하지 않을 권리이며, 성명권은 개인의 이름에 대한 권리를 침해받지 않을 수 있는 권리이다. 초상권은, 얼굴이나 특정인임을 식별할 수 있는 신체적 특징에 관하여 함부로 촬영 또는 그림으로 묘사되어 공표되거나 영리적으로 이용당하지 않을 권리이다.

한에서 이미 사라진 상태였습니다. 개인 소유가 가능하다는 것은 정치적 선전 수단이었을 뿐이지요. 실제 북한 정권은 6 · 25전쟁이 끝난 후 **농업의 집단화***를 시작했습니다. 그 결과 북한에서 개인 소유와 경영이 완전히 자취를 감췄습니다. 1972년 북한 정권은 헌법을 개정하여 근로자들의 개인 소비를 위한 부분 정도만 개인 소유로 인정했을 뿐입니다.

조선최고인민회의는 정부를 구성했고 내각의 수상에는 만장일치로 김일성이 추대되었습니다. 그리고 1948년 9월 9일 조선민주주의인민공화국의 수립이 선포되었습니다. 그들은 이 공화국이 남북한 전체의 정부라고 주장했습니다. 남북한에서 치른 선거에 의한 대표가 만든 정부이기 때문이라는 것이지요. 그렇지만 남한에서 몰래 치른 선거가 남한 주민의 자유로운 뜻을 대표한다고는 볼 수 없었습니다.

북한에서 조선민주주의인민공화국이 만들어지는 과정은 철저하게 소련 공산당의 허락을 받아야 했습니다. 김일성을 비롯한 북한의 정치 지도자들은 소련에 의해 선택된 사람들이었습니다. 그들은 공개적으로 소련을 찬양했습니다. 북한 곳곳에 스탈린 초상화가 내걸렸습니다. 이후 북한은 사실상 스탈린의 나라가 되었지요. 북한은 소련이 건설한 여러 **위성 국가*** 가운데 하나였을 뿐입니다.

비극적인 죽음을 맞이한 김구

대한민국이 세워진 뒤 10개월이 지난 1949년 6월 26일 점심 무렵, 김구에게 손님이 찾아왔습니다. 군복을 입은 육군 소위 안두희(安斗熙)였습니다. 안두희는 김구가 주석으로 있는 한독당의 당원이었습니다. 김구와는 아는 사이였던 것이지요. 낮 12시 40분쯤 김구와 안두희가 만났고 곧이어 네 발의 총소리가 울렸습니다. 안두희는 미리 준비해간 총으로 김구를 쏘았고 김구는 곧 숨을 거두었습니다. 안두희는, 김구가 대한민국 정부를 뒤엎으려 하고 미군 철수를 주장하는 것이 위험한 수준에 이르러 살해했다고 말했습니다.

김구는 임시 정부의 대표적인 인물입니다. 그런데 해방 전 임정은 해외의 독립운동 단체를 대표하지 못했고 그 이유로 연합국의 승인을 얻지 못했습니다. 그래서 김구를 비롯한 임정 요인들은 해방 후 개인 자격으로 국내에 들어올 수밖에 없었지요.

김구와 임정 세력은 1945년 12월 모스크바로부터 신탁 통치 방침이 전해지자 가장 격렬하게 반대했습니다. 김구는 반탁 운동을 통해 이승만과 더불어 남한 정국의 중심을 이루었지요. 김구는 반탁 운동으로 남한의 공산화를 막는 데 큰 공을 세웠습니다.

하지만 김구는 반공산주의만을 외친 것이 아니었습니다. 미 군정에 대한 쿠데타도 두 차례나 계획했습니다. 김구가 이렇게 비타협적으로 대하자 미 군정은 남한의 우익 세력을 믿지 않게 되었습니다. 이 때문에 미 군정은 좌우 합작을 추진했던 것입니다.

1947년 9월 한국 문제가 유엔 총회에서 결의된 것에 대해 김구는 환영의 뜻을 밝혔습니다. 또 "소련의 거부로 남한만의 선거가 될지라도 그 정부는 법적 이치로나 국제 관계로 보나 통일 정부일 것"이라고 주장하기도 했지요. 하지만 김구는 그해 12월 하순부터 남한만의 선거와 정부 수립을 반대했습니다. 그 후 김규식과 함께 통일 정부 수립을 위한 남북 협상을 주장했고 1948년 4월에는 평양에서 열린 남북 협상에 참석하기

도 했습니다.

1948년 8월 15일 대한민국의 정부 수립이 선포되었지만 김구는, 유엔
감시 아래 남북한 총 선거를 실시하고 미국과 소련 두 나라가 철수할 것
을 계속 주장했습니다. 다시 말해 이미 수립된 대한민국을 해체하자는
주장을 했던 것입니다. 대한민국을 해체하자는 거듭된 주장은 결국 그를
비극적인 죽음에 이르게 하였습니다.

김구는 철저한 반공주의자이며 동시에 더없이 강렬한 민족주의자였
습니다. 그에게 민족은 '영원한 혈통의 바다'와 같은 것이었습니다. 그래
서 그는 좌우익의 갈등도 '혈통의 바다에 일어나는 일시적인 풍파에 불과
한 것'으로 생각했습니다. 철저한 민족주의자였던 김구에게 민족의 분단
이란 있을 수 없는 일이었습니다. 1948년 이후 그는 "통일이 없는 독립은
진정한 독립이 아니다"라며 남북 협상을 거듭 강조했습니다.

"나는 통일된 조국을 건설하려다 38선을 베고 쓰러질지언정 일신(一
身)에 구차한 안일(安逸)을 취하여 단독 정부를 세우는 데 협력하지 않겠다."

　이는 김구가 남북 협상을 위해 평양에 가면서 발표한 성명입니다. 이 성명에서 김구는, 자신의 편안함만을 얻기 위해 대한민국 정부 수립에 협력하는 일은 하지 않겠다고 주장한 것입니다.

　북한에 다녀온 김구는 북한이 전쟁 준비에 열을 올리고 있다는 것을 알게 되었습니다. 그는 머지않아 남북한 사이에 전쟁이 일어날 것이라고 예측했습니다. 하지만 전쟁이 일어나면 대한민국이 북한의 인민공화국을 당해내지 못할 것이라고 생각했습니다. 대한민국의 장래를 비관적으로 내다봤던 것이지요. 그러나 그의 생각과 달리 대한민국은 6·25전쟁이라는 엄청난 시련을 겪고도 번영을 계속할 수 있었습니다.

● 독립기념관

독립기념관에는, 우리 민족 5천 년 역사 속에서 외세의 침략을 이겨낸 조상들의 활약상이 전시되어 있다. 총 일곱 개의 전시관이 있는데 그 중 '나라 세우기'를 주제로 한 제6전시관에 가면 임시 정부 활동부터 대한민국 정부 수립, 6 · 25전쟁, 세계 속의 대한민국 등 해방 이후의 역사를 만날 수 있다.

청소년들이 역사를 보다 흥미진진하게 배울 수 있도록 4D 입체 상영관도 마련되어 있다. 이곳은 진동 의자, 바람 효과 등으로 실제 현장의 느낌을 느낄 수 있도록 만든 최첨단 영상관이다. 이 외에도 독립기념관에서는 청소년을 위한 다양한 체험 · 교육 프로그램이 실시되고 있다.

야외에는, 위인들의 독립과 나라 사랑에 대한 말씀을 담은 100개의 비석 등 다양한 볼거리가 있다. 1995년 광복절을 맞이하여 철거했던 조선총독부 철거 부재 전시 공원도 볼만하다.

주소 충청남도 천안시 동남구 삼방로 95 / www.i815.or.kr
관람 시간 3~10월 – 09:30~18:00 / 11~2월 – 09:30~17:00
휴관일 매주 월요일(공휴일인 경우 개관)

임진각

임진각 일대에서는 여러 가지 전적 기념물을 통해 6·25전쟁의 비극과 분단의 현실을 실감나게 되새길 수 있다. 이곳에는, 1972년 남북공동성명 발표 직후 만들어진 임진각 외에도 평화의 종, 자유의 다리, 망배단, 임진강 철교, 경의선 장단역 증기 기관차 등이 있다. 경의선 장단역 증기 기관차는 6·25전쟁 중에 폭격을 당해 탈선한 후 비무장 지대에 버려져 있던 부서진 기차이다. 또 자유의 다리는 전쟁 포로가 교환되었던 다리이며, 망배단은 북한에 고향을 둔 실향민이 조상을 추모하기 위해 모이는 곳이다. 임진강 철교에는 강 건너 도라산역까지 가는 경의선 기차가 실제로 다니고 있지만 그 곁에 있는 교각의 잔해는 분단의 실상을 보여주는 듯하다. 이곳에 가면 제3땅굴과 도라산 전망대 등을 둘러보는 DMZ 안보 관광에도 참여할 수 있다.

▎**주소** 경기도 파주시 임진각로 117 / www.pajuinfo.net/tour

제2장
자유민주주의의 씨앗을 뿌리다

1.
안정된 나라를
만들기 위한
노력

나라는 세워졌지만 바로 안정적인 상태로 접어든 것은 아닙니다. 특히 자유민주주의 사상이 자리를 잡는 데는 더 많은 진통이 따랐습니다. 대한민국의 기초 이념인 개인의 자유와 권리는 우리나라에서 만들어진 것이 아닙니다. 그래서 대한민국이 만들어질 때 모든 국민이 자유 이념을 이해하고 받아들인 것은 아니었지요. 그때까지 국민의 대부분은 유교의 성리학이 중심을 이루는 전통 윤리 속에서 생활했습니다. 또 상당수의 국민이 공산주의 이념에 대해 환상을 가지고 있었습니다. 이런 상황에서 대한민국은, 살아남기 위해 공산주의 세력과 끊임없이 투쟁해야 했습니다.

▶ 첫 국무회의
대한민국의 첫 국무회의 모습. 가운데 앉은 사람이 국회에서 뽑힌 초대 대통령 이승만이다. 이승만 정부의 내각 구성은 다음과 같다. 부대통령 이시영, 국무총리 이범석, 외무장관 장택상, 내무장관 윤치영, 재무장관 김도연, 법무장관 이인, 농림장관 조봉암, 상공장관 임영신, 사회장관 전진한, 교통장관 민희식, 체신장관 윤석구, 무임소장관 이청천, 무임소장관 이윤영, 국회의장 신익희, 대법원장 김병로.

조선 경비대를 기반으로 국군을 창설하다

대한민국 국군은 남조선 국방경비대로부터 시작되었습니다. 국방경비대는 미 군정이 경찰력을 보충하기 위해 1946년 1월에 만든 것입니다. 미 군정은 본국의 반대로 정규군을 만들지 못하고 국방경비대로 치안을 유지해야 했지요. 미 군정은, 짧게는 며칠, 길게는 몇 주 동안 군사 교육을 하여 국방경비대를 이끌 장교 110명을 뽑았습니다. 그들 중에는 일제 때 학병으로 끌려갔다 돌아온 사람이 가장 많았고, 만주군과 일본군 출신도 여럿 있었습니다.

장교들을 뽑은 후 국방경비대원을 모집했습니다. 장차 독립국의 군인이 될 수 있다는 희망을 안고 수많은 청년이 지원했지요. 4월까지 5,000명의 군인을 모아 훈련을 시작했습니다. 이 무렵 미 군정은 장교를 계속해서 키워내기 위해 남조선 국방경비사관학교를 설립했는데 이것이 건국 후에 육군사관학교가 되었습니다.

1946년 6월 국방경비대는 조선경비대로 이름을 바꾸었고 이 무렵 바다를 지키는 조선해양경비대도 만들어졌습니다. 건국 후 조선경비대와 조선해양경비대는 국군에 편입되었고 각각 육군과 해군으로 이름을 바꾸었습니다. 이로써 대한민국은 근대 국민 국가의 기초 조건인 상비군*을 갖추게 되었습니다.

처음 만들어졌을 때 국군의 병력과 장비는 초라하였습니다. 막 태어난 정부는 돈이 별로 없었고 군비를 강화할 힘도 전혀 없었습니다. 게다가 미국 정부는 국군에 대해 지원하려 하지 않았습니다. 한국이 군사 전략적으로 별 가치가 없다고 생각했기 때문이지요.

6·25전쟁이 일어나기 직전 국군의 수는 65,000명에 지나지 않았습니다. 탱크와 장갑차 등 기계화된 무기로 무장한 기갑 차량은 전혀 없었고, 포병은 탱크를 폭파할 힘도 없는 무기를 가졌을 뿐이었습니다. 또 비행기는 여섯 대의 정찰기가 전부였습니다.

그에 비해 북한군은 13만 5,000명에 달했습니다. 게다가 소련제 탱크

240여 대, 전투기와 폭격기 200여 대, 각종 강력한 대포 등으로 무장하고 있었습니다. 이렇게 남북한의 군사력이 차이 나는 상황은 6·25전쟁을 불러오는 요인이 되었지요.

　초창기 국군의 내부에는 더 큰 문제가 있었습니다. 좌익 세력이 군 내부에 깊숙이 침투해 있었던 것입니다. 정치적으로 혼란한 때 군인을 모집한 터라 신원 조사가 철저히 이루어지지 않아서 생긴 결과이지요. 군 병력의 약 10%가 남로당 당원이었고 이들 좌익 세력은 건국 직후 군 내부에서 반란을 일으켰습니다.

국군 내부 좌익 제거의 계기가 된 여순 반란

1948년 10월에 일어난 여순 반란은 제주 4·3사건으로부터 시작되었습니다. 정부는 남로당 제주도당이 일으킨 무장 반란을 진압하기 위해 전

▶ 여순 반란
여순 반란은 1주일 만에 진압되었다. 하지만 그 과정에서 여수는 불바다가 되었고 7,000여 명이 죽거나 행방불명되는 참극을 빚게 되었다.

*숙군(肅軍)

군대 내에 침투해 있는 좌익 세력과 부정을 저지른 군인을 가려내고 바로잡는 일.

남 여수에 주둔하고 있던 제14연대에 출동 명령을 내렸습니다. 그러자 남로당 당원이었던 하사관들이 반란을 일으켰습니다. 반란군은 순식간에 여수의 경찰서와 시청, 군청 등을 점령하였습니다. 그리고 여수의 우익 인사들과 그 가족을 처형했지요. 반란군은 가까운 도시 순천까지도 점령했습니다. 곧이어 보성, 고흥, 광양, 구례, 곡성 등까지 손에 넣었습니다(여순 반란). 인민위원회를 조직한 반란군은 여수에서 이승만 정권 타도, 민족 반역자 처벌, 무상 몰수·무상 분배의 토지 개혁 실시 등을 주장하였습니다.

정부는 미군의 지원을 받아 1주일 만에 반란군을 진압하였습니다. 그 과정에서 여수는 불바다가 되었습니다. 또 7,000여 명이 죽거나 행방불명되었지요. 3,000여 명의 반란군이 붙잡혔고 군법회의에 의해 1,000명에 가까운 사람이 사형을 선고받았습니다. 그 가운데는 영문도 모른 채 반란군에 휩쓸렸다가 사형을 당한 억울한 죽음도 적지 않았습니다.

여순 반란은 새로 태어난 대한민국에 엄청난 충격을 안겨주었습니다. 또 양민의 희생은 대한민국이 치유해야 할 도덕적 상처가 되었습니다. 하지만 이 사태를 수습하면서 대한민국은 더욱 강해질 수 있었지요. 이 사건을 계기로 정부는 대대적인 **숙군***(肅軍) 작업을 벌인 것입니다. 군 내부에 침투한 남로당 세력을 제거하기 위해서였습니다.

물론 좌익 세력도 앉아서 당하지만은 않았습니다. 대구에서는 6연대가 반란을 일으켰고 춘천의 2개 연대는 한꺼번에 북한으로 넘어가기도 했습니다. 공군 조종사 두 명이 비행기를 몰고 북한으로 날아가기도 했고 해군 함정과 미국의 물자 수송선을 납치해 북한으로 넘어가는 일도 발생했습니다. 숙군은 작은 전쟁 수준이었습니다.

1년 가까이 걸린 숙군 작업은 1949년 7월에 끝났습니다. 숙군을 통해 알려진 국군 내의 좌익 침투 상황은 정말 충격적이었습니다. 최고 지휘부의 100명 가운데 25명이 좌익이었습니다. 이때 총살, 징역, 파면 등으로 숙청된 군인의 수는 일반 병사까지 포함하여 전체의 5%나 차지할 정도였습니다. 이로써 군 내부의 좌익 세력은 대부분 제거되었습니다.

여순 반란을 계기로 국가보안법*이 만들어졌습니다. 또 정부는 좌익 세력에게 기회를 주기 위해 국민보도연맹*을 조직했습니다. 이 단체는 좌익 세력에 가담했던 사람들을 전향*시켜 보호하기 위해 만들어진 것입니다.

반민특위, 친일파 처벌에 실패하다

대한민국 국회는 1948년 9월 반민족행위처벌법을 제정하였습니다. 이 법은 일제강점기에 반민족적 행위를 했던 사람들, 다시 말해 친일파들을 처벌하기 위한 법이었습니다. 이 법을 제대로 시행하기 위해 국회 안에

*국가보안법

국가의 안전을 위태롭게 하는 반국가 활동을 막음으로써 국가 안보와 국민의 생존 및 자유를 확보하려고 만든 특별 형법. 반국가 단체를 구성하거나 자진해서 그런 단체를 도와주는 행위, 이런 단체에 대해 알면서도 신고하지 않은 행위 등이 처벌 대상이다. 또 국가의 존립·안전이나 자유 민주적 기본 질서를 위태롭게 한다는 것을 알면서 적을 찬양하거나 만나는 경우도 처벌 대상으로 하고 있다.

*국민보도연맹

1949년 6월에 '좌익 사상에 물든 사람들을 사상 전향시켜 이들을 보호하고 인도한다'라는 취지로 조직된 반공 단체. 흔히 '보도연맹'이라 부른다. 제주 4·3사건, 여순 반란 사건 등의 수습 과정에서 생긴 전향자들을 체계적으로 보호, 관리할 목적으로 만들어졌다.

*전향(轉向)

자신의 신념이나 사상 등을 다른 방향으로 바꾸는 일.

▶ 반민특위

반민특위 재판에 출두하는 피고인들. 재판에 회부된 최남선은 "까마득하던 조국의 광복이 뜻밖에 얼른 실현하여 이제 민족 정기의 호령이 이 강산을 뒤흔드니 …… 오직 공손히 법의 처단에 모든 것을 맡기고 그 채찍을 감수함으로써 조금이라도 국민 대중 앞에 참회의 표시를 삼는 것 외에 다른 것이 없다"라고 반성의 뜻을 밝혔다.

*프락치

특수한 임무를 띠고 다른 조직
에 침투하여 비밀리에 활동하는
사람.

*국회 프락치 사건

1949년 제헌 국회 국회의원 13명
이 남로당의 프락치 혐의로 구속
된 사건. 이들은 국회에서 외국
군 철수와 국가보안법 반대, 남북
통일 협상 촉구 등 남로당의 노
선을 실행하기 위해 활동했다는
혐의를 받았다. 당시 수사 당국
은 이들이 남로당 특수 공작원으
로부터 지령을 받았다는 증거로,
38선을 넘으려다 붙잡힌 정재한
이라는 여인이 가지고 있던, 박헌
영에게 보내는 암호 문서를 제출
했다.

반민족행위특별조사위원회(반민특위)를 설치하였습니다. 그리고 반민특위 아래 반민족 행위자를 체포할 특별 경찰대까지 만들었지요.

반민특위는 1949년 1월부터 활동을 시작했습니다. 맨 처음 반민특위에 잡혀 온 사람은 화신백화점 사장 박흥식(朴興植)이었습니다. 이어서 250명의 독립투사를 밀고했던 대한일보 사장 이종형(李鍾馨), 3·1운동 때 민족 대표 33인 중 한 사람이었다가 변절한 최린(崔麟), 친일 변호사 이승우, 친일 경찰 노덕술(盧德述), 문인 이광수(李光洙), 역사학자 최남선(崔南善) 등을 잡아들였습니다.

그런데 반민특위의 활동에 불만을 가진 사람이 여럿 생겨났습니다. 경찰은, 자신들이 해방 후 3년간 치안을 유지하고 공산주의 세력을 물리치는 데 공로가 큰데 뒤늦게 친일파로 처벌받게 되었다고 술렁거렸습니다. 이승만 대통령도 반민특위 활동에 불만을 드러내며 다음과 같은 담화를 발표했습니다.

"국회가 주도하는 반민특위의 활동이 삼권 분립의 원칙에 어긋나며, 좌익 세력 때문에 국가의 안보가 위급한 시국에 경찰을 동요하게 해서는 안 됩니다."

그렇지만 반민특위는 강경한 입장을 바꾸지 않았습니다.

그러던 중 그해 4월과 8월에 **국회 프락치 사건***이 일어났습니다. 남로당의 지시를 받아 국회에서 외국군 철퇴 요청안과 남북화평통일안을 통과시킨 국회 부의장 김약수(金若水) 등 국회의원 13명이 경찰에 붙잡힌 것입니다. 그런데 그 13명 가운데 반민특위에서 주도적으로 활동하던 국회의원 세 명이 포함되어 있었습니다.

이런 가운데 반민특위는 경찰 간부 세 사람을 반민족 행위 피의자로 체포했습니다. 경찰은 그들의 석방을 요구했지만 반민특위는 거절했지요. 이에 경찰이 반민특위 사무실을 습격하여 반민특위의 특별 경찰대를 무장 해제시키고 서류를 빼앗아버렸습니다. 경찰의 이런 행위는 입법 기관인 국회의 권위를 전면 부정하는, 분명히 잘못된 일이었습니다. 그럼에도 이승만 대통령은 경찰의 행동에 대해 아무 말도 하지 않았습니다. 뒤이어 정부는, 2년이었던 반민특위의 활동 기간을 1년으로 단축하는 법을 국회에 내놓았습니다. 국회에서 이 법이 통과되어 반민특위는 1949년 8월에 해산되었습니다.

1년 동안 반민특위는 688명의 반민족 행위자를 수사했습니다. 하지만 재판이 끝나 형이 확정된 경우는 38명뿐이었습니다. 그나마 이들은 6·25전쟁이 터지자 모두 풀려났습니다. 결국, 반민족 행위자, 즉 친일파에 대한 처벌을 못한 것이지요.

반민특위의 활동이 이렇게 지지부진하게 된 가장 근본적인 이유는, 일제로부터의 해방이 우리 힘으로 이루어진 것이 아니라는 점이었습니다. 남한을 점령한 미 군정은 일본의 법령, 관료제, 경찰 기구를 그대로 이어받았습니다. 그 때문에 독립운동을 탄압한 한국인 경찰이 해방 이후에도 그대로 자리를 지킬 수 있었던 것이지요. 대한민국이 건국된 후에도 상황은 달라지지 않았습니다. 건국 헌법은 부칙에서, 당시 실행되던 법령은 헌법에 어긋나지 않는 한 그 효력을 유지한다고 정하였기 때문입니다. 그래서 일제강점기 총독부의 법령, 행정 기구, 관리, 부속 기관의 직원 대부분이 대한민국에 그대로 이어진 것이지요.

대한민국은 나라 밖에서 독립운동을 했던 세력과 나라 안에서 근대 문명의 실력을 키우던 세력이 힘을 합해 세운 나라입니다. 혁명으로 모든 것을 부수고 새로 세운 나라가 아니라 있던 것을 잘 다듬는 방식으로 만들어진 나라이지요. 그런데 공산주의자들은 일제 지배 아래서 근대 문명의 실력을 키우기 위해 노력해온 세력들까지 모두 친일파라고 했습니다. 또 공산주의자들은, 대한민국을 반민족 세력이 세운 미국의 식민지와 같은 나라라고 불렀습니다. 이런 상황을 이해하고 있던 이승만 대통령은 미국에서 귀국할 때부터 민족의 단결을 호소하였습니다.

"뭉치면 살고 흩어지면 죽는다."

이승만 대통령이 했던 이 유명한 말도 그런 맥락에서 나온 것이지요. 함께 뭉쳐서 공산주의와 맞서야 할 시기에 민족의 분열을 만드는 일은 없어야 한다는 것이었습니다.

반민족행위처벌법이 국회를 통과한 직후 여순 반란 사건이 터졌습니다. 또 국회 프락치 사건으로 좌익 세력이 국회에까지 침투해 있었다는 것이 밝혀졌습니다. 당시에는 증거가 불확실하여 논란이 많았지만 오랜 세월이 지난 후 이 사건은 남로당의 공작이었음이 드러났습니다.

"성시백이 1948년 가을부터 국회를 대상으로 공작을 벌여 국회 부의장과 국회의원 10여 명을 포섭하는 데 성공했다."

이는 1997년 5월 북한의 노동신문에 실린 내용입니다.

이렇게 건국 직후의 정부는 국회에 침투한 남로당 프락치를 비롯하여 전국에 퍼져 있는 수십만의 좌익 세력을 검거하고 전향시키느라 거의 전쟁을 치르고 있었습니다. 이런 와중에 국회가 추진한 반민특위 활동은 공산주의자들에게 유리한 결과를 낳을 위험을 안고 있었지요. 반민특위는 순수한 동기에서 시작되었지만 현실적 상황을 헤쳐 나가기에는 힘이 부족했습니다.

반민특위가 좌절하는 과정에, 일본의 앞잡이로서 독립운동가를 탄압하고 괴롭히던 악질적인 친일파까지 살아남았습니다. 그들을 제대로 처벌하지 못한 것은 지금까지도 대한민국의 도덕적인 상처로 남아 있지요.

온건하게 이뤄진 남한의 농지 개혁

해방이 되었을 때 우리 농민의 84%가 소작농이었습니다. 대부분의 농민이 자신의 토지를 갖지 못하고 지주에게 비싼 대가를 지급하면서 농사를 짓고 있었지요. 이런 국가는 근대 국민 국가라고 할 수 없었습니다. 그래서 농지를 재분배해야 한다는 데는 좌우익을 가리지 않고 모두 찬성했습니다.

"농지는 농민에게 분배하며 그 분배의 방법, 소유의 한도, 소유권의 내용과 한계는 법률로써 정한다."

건국 헌법 제86조에도 이렇게 쓰여 있지요.

국회는 1950년 3월 농지개혁법을 최종 통과시켰습니다. 이 법의 주요 내용은, 지주에게 유상으로 땅을 사들여 농민에게 유상 분배한다는 것이었습니다. 지주에게 보상할 농지의 가격은 연평균 생산량의 150%로 결정되었습니다. 또 농민들은 해마다 생산량의 30%를 5년 동안 갚으면 분배 농지를 자신의 땅으로 만들 수 있게 되었습니다. 유상 분배라고 하지만 농민에게 유리

▶ 농지상환증서
1949년 6월 21일 농지개혁법이 제정되었다. 농지가 농민에게 분배되어 농민 생활이 향상되고 자본주의 경제의 균형과 발전에도 기여했다. 사진은 농지개혁법에 의한 농지상환증서.

한 조건이었지요. 상대적으로 불리해진 지주에게는 다른 혜택을 주었습니다. 국가 경제 발전을 위해 유익한 사업에 우선으로 참여할 수 있게 한 것이지요. 농지 개혁은 6·25전쟁으로 잠시 중단되었다가 1957년까지 계속되었습니다.

1950년 4월 정부는 분배 대상 농가에 농지 분배 예정 통지서를 보냈습니다. 이 통지서는 "오늘부터 이 땅은 당신에게 분배되었습니다"라는 뜻이었습니다. 그에 대해 어느 지방 신문은 "오늘이야말로 진정한 우리 대한민국의 전국적인 해방의 날"이라고 기뻐하였습니다. 자신의 농지를 갖게 된 농민들은 곧이어 터진 6·25전쟁에서 대한민국을 방어하는 데 크게 공헌하였습니다. 자기 땅을 지키기 위해서 적극적으로 전쟁에 나선 것입니다.

그런데 농지 개혁을 곱지 않은 눈으로 보는 사람도 많았습니다. 북한이 무상 몰수와 무상 분배로 토지 개혁을 한 데 비해 남한에서는 유상 분배를 하는 통에 농민에게 큰 도움이 안 되었다는 것입니다. 하지만 무상 몰수와 무상 분배는 기존의 사회 구조를 해체하고 공산주의로 가기 위한 혁명적 방식이었습니다. 또 북한 농민에게 분배된 것은 소유권이 아니라 경작권이었을 뿐이지요. 결국, 북한의 농지는 국가에 소속되고 농민은 국가가 운영하는 협동농장에 종속되는 결과를 낳게 되었습니다.

그에 반해 남한에서 농민들에게 분배된 것은 소유권 그 자체였습니다. 또 농민들이 갚아야 했던 땅값은 매우 헐한 것이었습니다. 그것도 여러 해에 걸쳐 나눠 낼 수도 있게 했습니다. 유상으로 농지를 사들여 지주 개인의 재산권도 존중해주었고요. 이렇게 대한민국의 농지 개혁은 개인의 재산권을 존중하는 자유민주주의의 기본 원리에 따라 온건하고 합리적인 방식으로 진행되었습니다.

북한은 해방되자마자 토지 개혁을 시행했는데 남한은 너무 늦게 실시했다는 비판도 있었습니다. 해방 후 4년이나 끄는 바람에 분배되어야 할 농지가 심하게 줄어들었다는 것이지요. 줄어든 이유는 농지 개혁이 이뤄지기 전에 지주들이 농지를 팔았기 때문입니다. 그런데 지주들에게 땅을 산 사람은 대부분 소작농이었고 땅값도 법으로 정해진 연평균 생산량의 150%를 넘지 않았습니다. 결국, 자연스럽게 농지의 분배가 이루어진 것이지요.

정부의 농지 개혁을 통해 또는 자발적인 거래를 통해 전 농지의 96% 이상이 **자작 농지***가 되었습니다. 이로써 대한민국의 농촌 사회는 비로소 식민지 지주제에서 벗어나게 되었습니다. 농사를 직접 짓는 사람이 땅을 소유한다는 '경자유전(耕者有田)'의 자작농 체제가 성립된 것이지요.

농지 개혁은 농촌 사회에 커다란 변화를 가져왔습니다. 지주와 소작인으로 대립했던 두 계층이 주민이라는 이름으로 하나가 되었습니다. 또 농촌의 주민들에게는 교육을 통해 신분 상승할 기회도 주어졌습니다. 1950~1960년대 소농의 아들딸들이 부모가 열심히 농사지은 덕택에 비싼 등록금을 치르며 대학에 다닐 수 있었던 것도 농지 개혁이 가져다준 사회 통합의 효과였습니다.

*자작 농지(自作農地)
땅의 주인과 그 땅에서 농사짓는 사람이 일치하는 농토.

2.
북한의
기습 남침,
6 · 25전쟁

스탈린과 마오쩌둥의 지원 아래 북한의 김일성이 일으킨 6 · 25전쟁은, 한국 국민이 자유 진영의 도움을 받아 공산주의 세력으로부터 자유와 재산을 지켜낸 전쟁이었습니다. 그러나 3년여에 걸친 전쟁의 피해는 엄청났습니다. 6 · 25전쟁으로 200만 명이 넘는 사람이 죽거나 다쳤습니다. 또 전국에 걸쳐 엄청난 재산의 손실을 입었습니다. 거리에는 부모 잃은 고아, 남편 잃은 과부, 팔다리를 잃은 상이용사, 일자리를 잃은 실업자가 넘쳐났습니다. 게다가 사람들의 마음속에도 씻을 수 없는 상처를 남겼습니다. 총을 잡은 사람들이 자기를 방어할 능력이 없는 사람들을 학살한 것은 당시 사람들이 인간의 생명을 얼마나 가볍게 여겼는지를 말해줍니다. 어떻게 이런 비극이 우리 역사에서 일어날 수 있었을까요?

남한을 침략하려는 북한의 끈질긴 시도

"우리나라의 국토를 단일 주권으로 완전하게 통일하자."

이는 조선민주주의인민공화국이 성립한 후 김일성이 주장한 '**국토 완정***(國土完整)'의 요점입니다. 김일성은 1949년 신년사에서 국토 완정이라는 말을 열세 번이나 사용했습니다. 이는 무력으로 남한을 통일하겠다는 강한 의지의 표현이지요. 소련의 스탈린에게도 남침할 의지를 밝혔습니다. 스탈린은 미군이 아직 남한에 있으니 남침은 안 된다고 말렸습니다. 그 대신 북한군에게 장비를 지원해주었지요. 이로써 북한군은 남한군에 비해 훨씬 강한 군사력을 갖게 되었습니다.

이 무렵 중국에서는, 공산당 군대에 의해 장제스(蔣介石)의 국민당 정부 근거지가 함락되는 일이 벌어졌습니다. 그런데 미국은 국민당 정부를 도우러 중국에 군대를 보내지 않았습니다. 이 같은 중국의 상황을 보고 북한의 김일성과 박헌영은 자신감을 얻었습니다. 북한은 1949년 4월 중국의 마오쩌둥(毛澤東)에게 남침 계획을 알렸습니다. 하지만 마오쩌둥도 당분간 남침을 하지 말라고 말렸습니다. 국제 정세가 아직 북한에 유리하지 않고 중국은 내전 중이라 북한을 도울 수 없다는 이유에서였습니다. 그 대신 마오쩌둥은 북한에 공산당 군대(중공군) 일부를 보내주기로 약속했습니다.

1949년 6월 미군은 500명 정도의 군사 고문단만 남기고 남한에서 철수하였습니다. 중공군 2개 사단을 중국으로부터 넘겨받은 김일성은 남침을 허락해달라고 스탈린에게 다시 요청했습니다. 하지만 스탈린은 아직 때가 아니라고 거부하였지요. 다만 남한에서의 **빨치산*** 투쟁을 강화

*국토 완정(國土完整)

한반도 전역을 북한 사회주의 체제로 완전히 통일하는 것. 김일성은 1948년 정권 수립 다음날, 국토 완정과 민족 통일을 이루려면 우선 미국과 소련 군대가 동시에 철수해야 한다고 주장했다. 이른바 전체 조선 혁명을 위한 혁명 기지를 북한에 건설했지만 남한이 미국에 의해 강제 점령되어 아직 해방되지 않았기 때문에 미군을 몰아내 남한 인민들을 해방시키고, 이른바 조선민주주의인민공화국 기치 아래 조국 통일을 완성해야 한다는 것이 김일성의 이른바 국토 완정의 내용이다.

*빨치산

일정한 조직을 갖추지 못한 비정규군을 일컫는 말. '동지' 또는 '당파'를 뜻하는 프랑스어 'parti'에서 유래된 파르티잔(partizan)의 한국화한 발음이다. 게릴라와 거의 같은 뜻으로 사용된다. 한국의 빨치산은 보통 6·25전쟁 전후에 지리산 부근에서 활동했던 공산주의자를 말한다.

▶ 마오쩌둥(毛澤東, 1893~1976)
중국의 공산당 지도자로서 제2
차 세계대전이 끝난 뒤 장제스
의 국민당 정부와의 내전을 승리
로 이끌었다. 1949년 중화인민공
화국을 세웠고 1954년 초대 국가
주석이 되었다. 1959년 국가 주석
에서 물러난 뒤에도 문화대혁명
등을 통해 자신의 권력을 강화하
였고 사망 직전까지 중국 정치계
에 막대한 영향력을 행사하였다.

하고 북한군의 힘을 더욱 키우라고 지시했습니다.

그해 9월에 소련은 원자폭탄 개발에 성공하였습니다. 또 10월 1일에는 마오쩌둥이 내전에서 승리하여 중화인민공화국을 세웠습니다. 북한의 지도부는 사기가 치솟아 흥분 상태에 이를 지경이었습니다. 1950년 1월 김일성은 다시 한 번 스탈린에게 요청했습니다.

"이승만이 공격해 오길 기다렸는데 그러지 않아서 남한의 해방이 지연되고 있습니다. 그러므로 북한의 공격 행동에 대한 지시와 허가를 원합니다."

스탈린은 이번에도 허락하지 않았습니다. 다만 준비를 더욱 철저히 하라는 지시만 했습니다.

소련으로부터 남침 허락을 받아내다

"국제 환경이 유리하게 변하고 있으니 남침을 해도 될 것 같소. 단, 이 문제를 중국의 마오쩌둥과 협의하고 그의 동의도 얻으시오."

1950년 4월 10일 스탈린은 비로소 북한의 남침을 허락했습니다. 그가 말한 국제 환경의 유리한 변화란 중국에서 공산당의 승리를 막지 못한 미국이 중국보다 덜 중요한 한국을 위해 싸우지 않을 것임을 뜻합니다. 스탈린은 미국이 개입하지 않을 것으로 판단하고 남침을 최종 승인한 것이지요.

이렇게 북한의 남침 제의를 소련이 승인하고 중국이 참여하게 되었습니다. 이로써 남침을 위한 국제적 동맹이 맺어진 것이지요. 이 모든 것의 주도권을 쥐고 계획을 수립한 것은 소련의 스탈린이었습니다.

북한은 5월 29일 남침 계획의 작전을 완성하였습니다. 남침 일자는 6월 25일로 정해졌습니다. 미국이 구원군을 보낸다 하더라도 한반도에 상륙하기 전에 전쟁을 끝낸다는 계획이었습니다. 그렇게 해서 8월 15일까지 서울에 통일 인민 정부를 세우는 것을 목표로 삼았지요. 남침 계획은 3단계로 만들어졌습니다. 제1단계는 전쟁을 시작한 지 이틀 만에 서울을 점령하고 5일 안에 수원-원주-삼척을 잇는 선까지 진출하는 것입니다. 제2단계는 이후 14일 안에 군산-대구-포항을 잇는 선까지, 제3단계는 이후 10일 안에 남해안까지 점령하는 것이었습니다. 그들은 이렇게 매우 짧은 기간에 전쟁을 끝낼 생각을 하고 있었습니다.

"이 전쟁은 겨울이 오기 전에 끝날 것이오. 그러니 병사들에게 옷차림을 가볍게 하도록 지시하시오."

북한 정권은, 서울 점령은 식은 죽 먹기이고 서울만 점령하면 남한 각 지역에서 20만 명이나 되는 남로당원이 들고 일어나 상황을 손쉽게 끝낼 수 있다고 본 것입니다.

▶ 크렘린궁에 들어서는 김일성
1949년 3월 부총리 박헌영·홍명희와 함께 스탈린을 만나기 위해 소련 모스크바의 크렘린궁에 들어서는 김일성.

나흘 만에 서울이 함락되다

1950년 6월 25일 새벽 네 시, 북한군은 기어이 남침을 시작하였습니다. 북한군은 서해안의 옹진반도 끝부터 동해안의 주문진에 이르기까지 38선 전 지역에서 20~40분 동안 대포를 쏘았습니다. 그런 후 보병이 탱크를 앞세우고 내려오기 시작했지요.

"이 사건은 남한의 북침에 대한 반격이며 우리를 지키기 위한 정의의 전쟁이다."

이런 북한의 선전은 완전히 조작된 것입니다. 6·25가 일어나기 바로 전까지 만들어진 국군의 작전 명령서 어디에도 다가오는 공격에 대해 준비하라는 내용은 없습니다. 반면에 북한군 문서에는 남침을 위한 준비, 정찰, 이동 등에 대한 지시가 수없이 등장합니다. 또 남한의 방어 태세는 허술하기만 했습니다. 남침 15일 전인 6월 10일에 국군에 대대적인 인사 이동이 있었습니다. 전방 부대의 사단장과 육군 본부의 지휘부 대부분이 바뀌어 새로 간 부대의 실태조차 파악하지 못한 상태였지요. 남침 바로 전날인 6월 24일에는 그동안 유지되었던 38선의 비상 경계령도 해제하였습니다. 병사들의 3분의 1은 휴가와 외출을 떠났고 군사 장비의 3분의 1 정도는 정비와 수리를 위해 병기창에 보내져 있었습니다.

이승만 대통령은 북한의 남침 소식을 듣고 25일 오전 주한 미국 대사인 무초를 만났습니다. 무초 대사에게 무기와 탄약 지원을 요청하는 자리에서 대통령은 놀라운 발언을 했습니다.

"나는 이제껏 한국을 제2의 **사라예보***로 만드는 것을 피하려고 노력해왔습니다. 하지만 현재의 위기가 한국 문제를 해결하기 위한 최선의

*사라예보
동유럽 국가인 보스니아헤르체고비나의 수도. 1908년 오스트리아-헝가리 제국은 보스니아와 헤르체고비나를 공식적으로 합병했다. 이때 강력한 저항 운동이 일어났고 저항 운동의 일환으로 1914년 6월 28일 보스니아의 세르비아인 프린치프가 오스트리아의 왕위 계승자인 프란츠 페르디난트 대공과 그의 부인을 암살했다. 이를 사라예보 사건이라 부른다. 이 사건을 계기로 제1차 세계대전이 일어났다.

기회를 제공한 것일지도 모릅니다."

　그의 말뜻은, 북한의 남침을 계기로 세계의 자유 진영이 공산 진영과 전면 대결하고 그를 통해 한국의 통일을 이룩하고 싶다는 것이었습니다. 이승만 대통령은 북한의 기습이 통일을 위한 발판이 되어줄지도 모른다고 기대했지요. 그런 그에게 전쟁의 초기 상황은 그리 중요하지 않았습니다. 그에게 더 중요한 일은, 워싱턴의 트루먼 대통령과 도쿄의 맥아더 사령관을 움직여 북한의 공산주의자를 완전히 몰아내는 일이었습니다.

　탱크를 앞세운 북한군의 침략에 국군은 용감하게 맞섰습니다. 하지만 전쟁이 시작된 지 4일 만에 서울이 무너지고 말았지요. 이 상황에서 정부는 이해할 수 없는 태도를 보였습니다. 27일 새벽, 서울 함락을 앞두고 긴급하게 열린 국무회의에서 장관들은 수원으로 수도를 옮길 것을 결정하였습니다. 그런데 서울 시민을 어떻게 피란시킬 것인가에 대해서는 논의하지 않았습니다. 비슷한 시각에 열린 국회에서는 수도 서울을 끝까지 지키자고 결정했습니다.

▶ 1950년 6월 25일 새벽 네시 북한군은 38선 전 지역에서 포격을 한 후 탱크를 앞세우고 남한으로 쳐들어왔다.

그렇지만 그 시각에 대통령은 이미 서울을 떠나고 없었습니다. 그때 그들은 "적의 탱크가 서울에 들어왔다"라는 거짓 보고를 받았습니다. 대통령은 새벽 세 시 30분에 부인과 경호원 다섯 명을 데리고 황급하게 서울역을 떠났습니다. 뒤늦게 이 사실을 알게 된 정부의 관리와 정치인들은 앞다투어 서울을 빠져나갔습니다. 그런데도 정부는 이를 숨기고 시민들에게는 끝까지 서울을 지키겠노라고 방송을 했습니다.

27일 하루 동안 서울 시민 144만 명 중 40만 명이 서울을 떠났습니다. 그 가운데 80%가 북한에서 내려온 동포들이고 나머지 20%는 정부 고위 관리, 정치인, 군인, 경찰의 가족이었습니다. 나머지 보통 시민들은 서울에 갇히고 말았지요.

28일 북한군의 탱크가 서울에 들어왔습니다. 북한이 들어오기 전, 정부가 마음만 먹었더라면 서울 시민을 피란시킬 시간은 충분했습니다. 그런데 대통령 이하 정부 관리와 정치인들은 시민들을 버려두고 자신들만

▶ 기습 남침 4일 만에 서울 시내로 진입하는 북한군들.

도망치기에 바빴습니다. 게다가 군은 아무 예고도 없이 28일 새벽에 한 강 다리를 폭파했습니다. 그때는 한강 다리가 하나뿐이었지요. 그 하나뿐인 다리로 북한군의 탱크가 내려오는 것을 막기 위해서 폭파한 것이 랍니다. 하지만 피란길에 오른 800여 명이 다리 위에서 폭사하거나 강에 추락하여 목숨을 잃는 어처구니없는 일이 벌어졌습니다. 이렇게 전쟁 초기 대통령과 정부가 보여준 무책임한 행동은 국민들의 마음에 커다란 상처로 남았습니다.

한편 북한군은 서울을 점령한 뒤 공격 속도를 잠시 늦추었습니다. 그들은 일단 자축 분위기에 젖었습니다. 또 금세 전쟁을 끝낼 생각에 준비를 제대로 하지 않았기 때문에 북한에서 내려오는 보급품을 기다려야 했지요. 한강 이남에서 남로당원들이 일어나 힘을 합치는 것을 기다렸다는 설도 있습니다.

아무튼, 북한군이 서울에서 주춤하는 동안 국군은 전열을 가다듬을 수 있었습니다. 또 전국에서 빨치산과 남로당원이 일어나서 정부와 국군을 공격하는 일도 일어나지 않았습니다. 1949년에 정부가 행한 숙군 작업과 좌익 세력의 단속이 전쟁 초기 대한민국이 붕괴하는 것을 막을 수 있었던 것입니다.

즉각적으로 이루어진 미국의 참전

"우리는 무슨 수를 써서라도 그 나쁜 놈들을 막아야 한다."

미국의 트루먼 대통령은 공산군이 남침했다는 전화를 받고 이렇게 소리쳤습니다. 그의 이 한 마디가 위기에 처한 대한민국을 구할 수 있었습

▶ 유엔 안보리회의

유엔 안전보장이사회는 25일 북한군에게 적대 행위를 중지할 것과 38선 이북으로 철수할 것을 요구했으나 북한이 이를 무시하였다. 안보리는 6월 28일 다시 회의를 열어 "세계 평화와 한반도의 자유를 보장하기 위해 공동 행동"을 하기로 결의하였다. 이 결의에 따라 국제 연합군이 조직되었고 자유 진영 16개 나라가 군대를 보내주었다.

*자유 진영 16개 나라

6·25 때 전투병을 보내준 16개국(괄호 안은 참전 병사 수). 미국(572,000), 영국(57,000), 캐나다(25,579), 터키(14,936), 태국(12,845), 그리스(10,581), 호주(8,047), 필리핀(7,420), 네덜란드(5,322), 콜럼비아(5,314), 뉴질랜드(5,144), 이디오피아(3,518), 벨기에(3,498), 프랑스(3,421), 남아프리카 공화국(826), 룩셈부르크(89). 이 나라들 외에도 노르웨이(623), 덴마크(630), 스웨덴(160), 이탈리아(128), 인도(675)가 의료 지원을 했다.

니다. 미국 정부가 즉각적으로 개입한 것입니다.

미국 정부는 한국 문제를 유엔으로 가져갔습니다. 6월 25일 유엔의 안전보장이사회(안보리)는 북한군에게 "적대 행위를 즉각 중지할 것과 38 이북으로 철수할 것"을 요구하였습니다. 북한은 그 권고를 무시했지요. 안보리는 28일 다시 모였습니다. 그 자리에서 "세계 평화와 한반도의 자유를 보장하기 위해 공동 행동"을 하기로 결의하였습니다. 이 결의는 유엔이 최초로 국제적 연합군을 조직하여 공동의 적을 무찌르겠다는 뜻이었습니다. 북한은 유엔의 승인을 받지 못한 비합법적인 정부였습니다. 그런 북한이 유엔이 승인한 정부를 침략한 것은 유엔의 권위에 대한 정면 도전으로 여겨졌습니다.

유엔은 유엔군 사령부를 만들었고 미국은 맥아더를 유엔군 사령관으로 임명하였습니다. 유엔의 결의에 호응한 자유 진영 16개 나라*가 군대를 보내주었습니다. 또 다섯 나라가 의료진을 파견했지요.

당시 유엔 안보리의 상임 이사국들(미국, 영국, 프랑스, 소련, 중국)은 거부권을 가지고 있었습니다. 안보리가 북한과 맞서 싸우자는 결의를 할 동안 거부권을 가진 소련은 회의에 참석하지 않았습니다. 그 이유에 대해 스탈린은 이렇게 말했습니다.

"첫째, 안보리에서 미국이 마음대로 결정할 수 있는 기회를 주어서 미국의 호전성(好戰性)을 국제 사회에 드러낸다. 둘째, 미국이 엄청난 군사적 가능성을 가진 중국과 부딪치면 그 목이 부러져 아시아에서 유리한 혁명 정세가 만들어질 것이다. 셋째, 미국과 중국이 충돌하는 동안 우리는 동유럽에서 공산주의 체제를 굳건히 할 수 있다. 이로써 장차 일어날 수 있는 제3차 세계대전에서 공산 진영이 승리할 힘을 기를 수 있을 것이다."

소련은 미국이 개입하지 않을 것으로 생각하고 남침을 허락했습니다. 하지만 미국이 개입하려 하자 오히려 그것을 적극적으로 유인했습니다. 미국이 중국과 충돌하여 힘을 빼고 있는 동안 소련은 동유럽 등 다른 지역에서 공산주의 체제를 굳히는 시간을 벌 수 있다고 생각한 것입니다.

미국은 소련의 이 같은 의도를 다 알고 있었습니다. 그럼에도 소련이 걸어오는 싸움을 피하지 않았습니다. 소련이 국경을 더 이상 넓히지 못하게 하겠다는 미국의 세계 전략에 대해 소련이 정면으로 도전했기 때문입니다.

서울을 되찾게 해준 인천상륙작전

북한군에 밀린 국군과 유엔군은 8월 초 낙동강까지 후퇴하였습니다. 더 이상은 밀릴 수 없는 상태에 이른 것이지요. 낙동강 전선 중에서도 대구가 특히 중요했습니다. 대구가 뚫리면 북한군이 부산까지 곧바로 내려갈 수 있기 때문입니다. 대구로 가는 길목에서는 매일 격렬한 전투가 벌어졌습니다. 북한군은 낙동강을 끝내 건너지 못했습니다. 게다가 공군기가 북한군의 보급로를 집중 공격하여 북한군의 보급 체계가 완전히 무너졌지요. 8월 하순, 전쟁의 상황은 이미 국군과 유엔군에게 유리하게 펼쳐지고 있었습니다.

이 무렵, 도쿄의 맥아더 사령부는 인천상륙작전을 계획하고 있었습니다. 9월 15일 새벽 인천상륙작전이 시작되었습니다. 미군의 구축함과 전투기가 인천 시내와 해안을 포격하는 가운데 미 해병대가 월미도에 상륙하였지요. 저항하는 북한군을 무찌르고 치열한 시가전 끝에 연합군은 인천을 점령하였습니다.

낙동강 전선의 유엔군도 상륙 작전과 때를 같이 하여 공세를 펼쳤습니다. 이후 1주일 만에 낙동강 전선에서 북한군을 물리치고 김천, 대전, 수원으로 진격했습니다. 인천상륙작전으로 도망갈 길이 끊긴 북한군은 독 안에 든 쥐가 되고 말았습니다. 북한군은 사기가 땅에 떨어지고 급속하게 무너져갔지요. 북한군 중에는 부대에서 도망쳐 나오는 사람이 많았습니다. 남한의 점

▶ 인천상륙작전의 맥아더
9월 15일 새벽 맥아더 사령부의 인천상륙작전이 시작되었다. 사진은 전함 위에서 작전 지휘 중인 맥아더 장군.

령지에서 강제로 모아 데려온 의용군이 많았기 때문입니다. 북한은 더 이상 스스로의 힘으로 싸울 수 없는 상태가 되어버렸습니다.

9월 28일 국군과 유엔군이 서울을 되찾았습니다. 90일 동안 적의 치하에서 고생하던 시민들이 몰려나와 환호하였습니다. 10월 1일 국군은 38선을 넘어 북쪽을 향해 진격하기 시작했습니다. 이날을 기념하여 국군의 날로 정했지요. 10월 7일 유엔에서는, 유엔군이 38선을 넘어 북진하는 것을 허용하는 결의안이 통과되었습니다. 유엔 관리 아래 한반도에서 통일 정부를 수립하도록 하기 위해서였지요. 다음날부터 유엔군도 북진을 시작했습니다.

중국의 참전으로 다시 후퇴하다

패망의 위기에 몰린 김일성과 박헌영은 스탈린과 마오쩌둥에게 구원을 요청했습니다. 10월 초 마오쩌둥은 참전을 결정했습니다.

"입술이 없어지면 이가 시리다(脣亡齒寒 : 순망치한)."

마오쩌둥은 주저하는 중국 공산당 지도부를 이 말로 설득했습니다. 북한이 망하면 자신들의 국경선이 위험해진다는 논리이지요. 중국군은 10월 19일 압록강을 건너기 시작했습니다. 26만 명이나 되는 엄청난 병력이었습니다. 한반도의 완전 통일을 눈앞에 두었던 국군과 유엔군을 중국군이 기습 공격하였습니다.

그런데 맥아더 장군은 중국군의 작전 계획을 잘못 판단했습니다. 군사의 수도 80,000명이 채 안 되는 것으로 잘못 알았습니다. 맥아더는 유엔군에게 공격을 계속하라고 명령하였습니다. 더 많은 중국군이 오기 전에 전쟁을 끝내기 위해서였지요.

유엔군은, 중국군의 제2차 공세로 크게 피해를 본 후에야 비로소 중국군이 대대적으로 참전했다는 것을 알게 되었습니다. 그래서 유엔군의 모든 부대는 11월 말 후퇴하기 시작했습니다. 서부 전선의 미군은 12월 말

▶ 중국의 참전
땅굴에 마련된 중국군 사령부를 방문한 김일성. 중국군 사령관 펑더화이(彭德懷. 앞줄 오른쪽에서 두 번째)와 김일성(펑더화이 왼쪽)이 사령부 입구에서 참모들과 함께 기념 촬영을 했다.

▶ 1·4후퇴

북한군과 중국군의 공세로 유엔
군은 1951년 1월 4일 서울을 포기
하고 다시 남쪽으로 후퇴하게 되
었다. 혹독한 추위 속에 경기도
안성까지 밀려갔던 유엔군은 1월
25일부터 반격을 시작하여 3월
15일에 서울을 되찾을 수 있었다.

*흥남 철수

6·25전쟁에 중국군이 참전했을
때 흥남에서 이뤄진 국군과 유
엔군의 대규모 해상 철수. 1950
년 11월말 중국군에 포위된 국군
과 유엔군은 함경남도 흥남항에
서 바다를 통해 철수하기로 결
정하였다. 세계 전쟁 역사상 가
장 큰 규모였던 이 철수 작전으로
105,000명의 병력과 17,000대의
차량을 비롯한 장비와 물자를 후
퇴시켰다. 이때 미군 민사부 고문
이었던 현봉학 박사의 간청으로
북한 피란민 90,000여 명도 함께
배에 오를 수 있었다. 1950년 12
월 24일에 떠난 마지막 배 메러디
스 빅토리 호는 선장의 결단으로,
싣고 있던 무기를 모두 내리고 피
란민 14,000여 명을 태워 기네스
북에 실리기도 했다.

38선 부근까지 밀려 내려왔습니다. 동부 전선에서는 중국군에게 길이 막
혀 함경도 흥남에서 배를 타고 철수*해야 했습니다.

　북한군과 중국군은 12월 31일 제3차 공세를 퍼부었습니다. 유엔군은
1951년 1월 4일 서울을 포기하고 다시 남쪽으로 후퇴하였지요. 이 사건을
1·4후퇴라고 합니다. 경기도 안성까지 밀려갔던 유엔군은 전열을 정비
하여 1월 25일 반격하기 시작했습니다. 유엔군은 3월 15일 서울을 되찾
고 남은 힘을 다해 38선을 회복했습니다. 이후 38선 근처에서는 양쪽 진
영 사이에 치열한 전투가 계속되었습니다. 그 가운데 국군 6사단은 양평
용문산에서 화천까지 밀고 올라가 중국군 62,000명을 사살하거나 포로
로 잡았지요. 이승만 대통령은 이 전투의 승리를 기념하기 위해 화천 저
수지에 '파로호(破虜湖 : 오랑캐를 무찌른 호수)'라고 이름을 붙였습니다.

*군사분계선

휴전선이라고 부르는 한국의 군사분계선은 6·25전쟁의 휴전 협정 제2조에 따라 1953년 7월 27일에 설정되었다. 휴전선의 길이는, 서쪽의 예성강 및 한강 입구의 교동도에서부터 동쪽 강원도 고성의 명호리까지 248㎞이다. 당시 한국은 휴전 협정에 결사반대했지만 결국 남북 분단을 막지 못했으며, 다만 전쟁 전 남북 분단의 경계선이던 38도선이 휴전선으로 바뀌었을 뿐이다.

정전 협정이 맺어지고 포성이 멎다

38선 근처에서의 전투는 결과를 예측할 수 없을 정도로 치열했습니다. 전선이 움직이지 않는 상태가 계속되자 휴전을 해야 한다는 의견이 나오기 시작했지요. 1951년 7월 10일부터 유엔군과 공산군의 휴전 회담이 시작되었습니다. 휴전 회담이 시작된 후에도 전투는 그치지 않았습니다. 심지어 상대의 후방 도시를 폭격하기도 했습니다. 휴전 회담에서 주도권을 갖기 위해서였지요. 이러는 통에 휴전 회담은 중지되었다 다시 시작되기를 되풀이하였습니다.

1952년 3월이 되어서야 정전에 대한 구체적인 방안이 합의되었습니다. **군사분계선***은 전쟁 전의 38선이 아니라 정전되었을 때의 접촉선으로 결정되었습니다. 그렇지만 포로 교환 문제가 쉽게 합의되지 않았습니다. 포로는 빠른 시일 안에 자기네 편으로 돌려보내야 한다고 제네바 협정에 정해져 있었지요. 그러나 트루먼 대통령은, 돌아가기 원하지 않는 포로들은 돌려보내지 않으려 했습니다. 유엔군이 희망자만 보낸다는 안을 냈지만 북한과 중국이 거부하였습니다. 이 문제로 양측이 팽팽하게 대립하는 바람에 9월 말 이후 휴전 회담이 중지되었습니다.

휴전 회담이 다시 열린 것은 다음 해 봄이었습니다. 1월에 새 미국 대통령으로 아이젠하워가 취임했습니다. 아이젠하워는 휴전을 빨리 마무리 짓겠다는 것을 선거 공약으로 내걸었습니다. 소련의 스탈린도 전쟁을 빨리 끝내고 싶어 했습니다. 중국은 전쟁할 힘을 거의 다 써버린 상태였지요. 2월 하순 유엔군이 부상 포로 교환을 제의했습니다. 그에 호응하여 중국은 양보안을 내놓았습니다.

"북한이나 중국으로 돌아오기 원하지 않는 포로는 중립국에 인도합시다."

이런 양보의 분위기 덕분에 회담이 다시 열리게 되었습니다.

이때 이승만 대통령은 정전 회담을 반대했습니다. 그에게는 6 · 25전쟁이, 자유 진영이 공산 진영을 무찔러 한국의 통일을 이룰 수 있는 기회였기 때문입니다. 그는 한국 대표를 회담장에서 철수시켰습니다.

"미국이 정전 협정을 맺으면 우리는 국군만으로라도 끝까지 싸울 것이다."

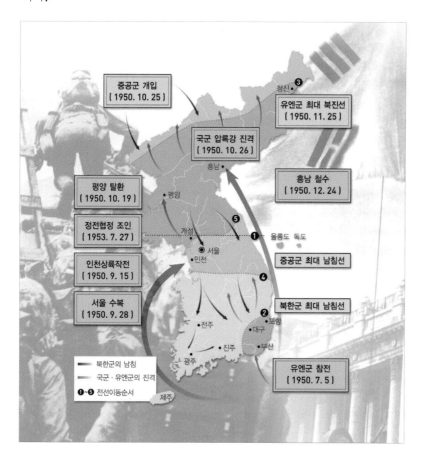

이승만 대통령의 이런 위협과 저항에도 불구하고 유엔군과 공산군은, 되돌아가기 원하지 않는 포로를 중립국송환위원회로 넘긴다는 안에 서명했습니다. 이에 이승만 대통령은 6월 18일 거제도를 비롯한 각 지역의 포로수용소에 있던 반공 포로를 석방했습니다. 공산군으로 참전해 포로가 되었지만 공산군으로 돌아가지 않겠다는 반공 포로의 수는 27,000여 명에 달했지요.

이 조치에 전 세계가 깜짝 놀랐습니다. 미국은 이로 인해 정전 회담이 깨질까 걱정했습니다. 공산군은 이 조치에 대한 보복으로 중부 전선에서 더 맹렬하게 공격했지요. 전투는 1주일 동안 계속되었습니다. 이 치열한 전투로 양측에서 각각 30,000여 명이 죽거나 다쳤습니다. 양측은 이 전투 후의 경계선으로 정전하기로 합의하였습니다.

1953년 7월 27일 판문점에서 정전 협정이 맺어졌습니다. 협정서에는 유엔군 대표와 북한군·중국군 대표가 서명했습니다. 정전에 반대한 한

▶ 정전 협정
1951년 7월 10일부터 유엔군과 공산군의 휴전 회담이 시작되어 1953년 7월 27일 판문점에서 정전 협정이 맺어졌다. 그러나 정전에 반대한 한국 정부는 협정서에 서명하지 않았다.

국 정부는 협정에 서명하지 않았지요. 이로써 북한이 침략한 지 37개월, 정전 회담이 시작된 지 25개월 만에 모든 전선에서 대포 소리가 멎었습니다. 양측은 협정에 따라 군사분계선과 **비무장지대***를 만들었습니다. 또 포로도 교환했습니다.

***비무장 지대**

군사분계선을 중심으로 남쪽 2km 지점을 북방 한계선, 북쪽 2km 지점을 남방 한계선으로 정하고 그 사이를 비무장 지대라 한다. 1953년 휴전 협정에 의해 설치되었는데 이 지역 내에서는 어떠한 적대 시설을 만들거나 적대 행위를 할 수 없도록 규정되어 있다. 또 민간인이든 군인이든 군사정전위원회의 허가 없이는 출입할 수 없으며, 출입 허가를 받아도 1,000명 이상은 한꺼번에 들어갈 수 없다. 비무장 지대 안에 민간인이 살기도 하는데 남쪽에는 대성동 자유의 마을, 북쪽에는 평화촌 민간인 거주 지역이 있다. 사람들의 출입을 철저히 통제한 결과 비무장 지대는 희귀 동물들의 서식지가 되었다.

공통의 위험에 대비한 한미군사동맹 체결

정전 협정을 반대할 때 이승만 대통령이 걱정한 상황이 한 가지 있었습니다. 그것은 미국이 한국의 안보와 전쟁 후 재건에 대한 어떤 보장도 없이 자기네 나라로 돌아가버리는 것이었습니다. 그는 전쟁 후 한국의 안보와 재건에 대한 미국의 약속을 받아내기 위해 정전 반대 투쟁을 벌였던 것입니다.

당시 미국은 한국의 군사적 가치를 높이 평가하지 않았습니다. 미 국방부의 태평양 방위선은 일본-오키나와-필리핀으로 그어져 있었습니다. 한국은 방위선 안에 들어 있지 않았던 것이지요. 하지만 이승만 대통령의 끈질긴 투쟁으로 미국은 한국에 대한 정책을 조금씩 바꾸기 시작했습니다. 한국의 안보를 보장하는 쪽으로 방향을 바꾼 것입니다.

1953년 6월 8일 아이젠하워 대통령은 정전 후 한국과 상호방위조약을 맺도록 노력하겠다고 약속하였습니다. 이승만 대통령은 좀 더 확실한 약속을 원했습니다. 그래서 반공 포로 석방이라는 강한 수를 두었던 것입니다. 놀란 미국이 한국에서 철수하겠다고 하자 이번에는 이승만 대통령이 조금 양보하는 듯했습니다. 이승만 대통령은 정전 협정에 서명하지 않겠지만 유엔군의 정전 결정에는 따르겠다고 하였습니다. 그러나 다음

과 같은 조건을 내걸었지요.

"정전 협정에 앞서 상호방위조약을 체결해야 하며, 정전 후의 평화를
위한 정치 회담이 깨질 경우 즉각 전투를 다시 시작해야 합니다."

이승만 대통령의 끈질긴 투쟁 덕분에 미국은 한국의 전략적 가치를 재
평가하게 되었습니다. 미 군부는 한국에 강력한 지원을 해주자고 결정했
습니다. 한국을 부흥시켜 자유 진영의 성공 사례로 삼자는 의견서를 채택
한 것입니다. 미국의 이런 태도에 이승만 대통령도 한 걸음 양보하였습니
다. 정치 회담이 깨지면 다시 전쟁을 시작한다는 조건을 거둬들였지요.

1953년 10월 1일 한미상호방위조약이 미국 워싱턴에서 조인되었습니
다. 이 조약은 한국과 미국 중 어느 한 나라가 무력으로 공격받을 경우,
공통의 위험에 대처하기 위해 또 다른 한 나라와 서로 협의하고 원조한
다는 내용입니다. 또 미국의 육 · 해 · 공군을 한국의 영토와 그 주변에 배
치한다고 두 나라가 합의하였지요. 한국이 침략을 받을 경우 미국이 자

동으로 개입한다는 내용은 이 조약에 실려 있지 않습니다. 하지만 미국 정부는 한국에 주둔하는 미군 2개 사단을 서울과 휴전선 사이에 배치함으로써 한국의 근심을 덜어주었습니다.

엄청난 피해를 남긴 6 · 25전쟁

6 · 25전쟁은 한국 · 미국과 북한 · 중국 · 소련이 대결한 국제전이었습니다. 그런데 그 치열한 전쟁이 한반도 안에서 벌어졌기에 우리나라 전체가 입은 피해는 말할 수 없이 컸습니다. 한국 정부의 발표에 따르면 죽거나 다치거나 혹은 행방불명이 된 국군의 수는 모두 998,000명이나 되었습니다. 미군이 중심이 된 유엔군의 피해도 154,000명에 달했습니다. 991,000명의 민간인이 피해를 당하였고 북한군, 중국군의 피해도 이에 못지않았습니다.

　인명 피해뿐만 아니라 물적 피해도 엄청났습니다. 주요 제조업의 시설 40% 이상이 파괴되었습니다. 기업의 수도 반 이하로 줄어들었지요. 전쟁의 물적 피해액은 약 30억 달러로, 1953년 한 해의 국민소득과 맞먹는 금액이었습니다. 산업 시설의 파괴로 실업자가 급증했습니다. 거기다 북

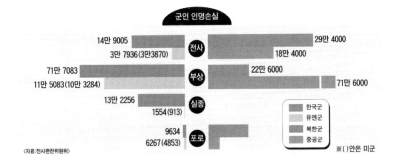

군인 인명손실

전사
14만 9005
3만 7936(3만3870)
29만 4000
18만 4000

부상
71만 7083
11만 5083(10만 3284)
22만 6000
71만 6000

실종
13만 2256
1554(913)

포로
9634
6267(4853)

한국군
유엔군
북한군
중공군

〈자료:전사편찬위원회〉

※( )안은 미군

한에서 내려온 피란민까지 더해져 실업난은 더욱 심해졌습니다.

더욱 큰 문제는, 양쪽이 극한으로 대립한 이 전쟁으로 사람들의 마음속에 깊은 상처가 남았다는 것입니다. 전쟁은 인간의 내면에 숨어 있던 야만적 폭력성을 그대로 드러냈지요. 양 진영이 서로 죽이고 그 가족에게 복수를 되풀이하는 과정에서, 또 적과 내통했다는 이유로, 적을 토벌하는 과정에서 수많은 민간인이 목숨을 잃었습니다. 공보처 통계국은 북한군과 빨치산에 의해 살해된 〈6.25사변 피살자 명부〉를 만들었는데, 여기에 실린 피살자는 59,964명이었습니다.

그중 전남 사람이 가장 많아 73%에 달했습니다. 이 지역 민간인이 유난히 많은 피해를 입은 것은 북한군의 빨치산 활동 때문입니다. 인천상륙작전으로 도망갈 길이 막힌 북한군은 전남 영광 · 나주 · 장성 · 함평 등의 산간으로 숨어들어 빨치산이 되었습니다. 그래서 이들 지역은 낮에는 대한민국 군인과 경찰이, 밤에는 북한군이 지배하는 세상이 되었습니다. 양쪽 다 민간인에게 협조를 강요했습니다. 하지만 어쩔 수 없이 협조했던 민간인은 다른 편 군인에 의해 학살되었습니다.

게다가 북한은 82,959명의 대한민국 국민을 납치해갔습니다. 이들 납북 인사의 귀환 문제는 정전 회담에서 거론도 되지 않았습니다. 국가는

어떤 경우에도 그의 국민을 보호해야 하며 납치된 자들은 반드시 데려와야 한다는 말이 지금은 당연하게 여겨집니다. 하지만 그때는 아직 이런 당연한 생각조차 정치의식으로 자리 잡지 못했던 때였습니다.

애국심을 일깨워준 전쟁의 비극

참혹한 전쟁을 치르면서 한국인들은 스스로 대한민국 국민임을 깨닫고 애국심을 갖게 되었습니다. 전쟁 중 수많은 북한 동포가 자신들의 터전을 모두 버리고 공산주의를 피해 남으로 내려왔습니다. 이는 인간에게 자유가 얼마나 소중한가를 말해주는 모습이었습니다.

3개월 동안 공산주의 체제의 점령 아래 살았던 남한 주민들도 공산주의 체제가 얼마나 잘못된 것인지 철저하게 겪어보았지요. 북한에서 내려온 공산주의자들은 입으로는 민주주의를 말하고 있었지만 그것은 껍데기뿐이었습니다. 그 대표적인 예가 1950년 7월 남한의 점령지에서 실시된 인민위원 선거에서 나타났습니다. 선거는 완전한 공개 투표로 이뤄졌습니다. 찬성과 반대의 흑백 투표함에 투표용지를 넣거나 대중 집회에서 손을 들어 찬반을 표시하는 식으로 말이지요.

또 북한 정부는 남한을 점령한 뒤 토지 개혁을 시행했습니다. 하지만 남한에서는 이미 토지 개혁을 실시한 후였지요. 그러니 북한의 무상 몰수는 결국 대지주가 아닌, 자작농의 토지를 빼앗은 꼴이 되었습니다. 이 토지를 빈농에게 나누어주었다고 했지만, 그 대신 북한 정부는 엄청난 세금을 거두어갔습니다. 작물의 포기 수, 포기 당 이삭 수, 이삭 당 곡식알까지 일일이 헤아려 수확량을 계산하고 그 수확량에 모두 세금을 매겼습

▶ 북한군은 남한의 많은 정치인, 종교인, 언론인, 학자, 공무원들을 죽이거나 강제 납치했다.

니다. 이는 일제 지배 아래서도 겪지 않은 지독한 수탈이었습니다.

또 북한 정부는 1950년 7월 1일 전체 인민에 대한 전시 동원령을 내렸습니다. 18~36세 남자를 인민 의용군이란 이름으로 전쟁터에 내몰았지요. 이때 강제 동원된 남한의 청년은 약 20만 명이었습니다. 이들은 대부분 가장 치열했던 낙동강 전투에 투입되어 속절없이 목숨을 잃었습니다. 전쟁을 치르기 위해 주민들의 재산도 닥치는 대로 빼앗아 갔습니다.

남한 주민들 대상으로 열린 사상 교육과 **인민재판***도 사람들을 질리게 하였습니다. 각종 보고회, 토론회, 궐기대회, 증산 경쟁 운동 등 일일이 셀 수조차 없이 많은 집회가 열렸고 주민들은 강제로 그 집회에 참석해야 했습니다. 또 공산주의자들은 지주와 공무원 등을 친일파나 민족

*인민재판
공산주의자들이 대중을 선동하여 특정인을 반동분자로 몰아 숙청, 처벌하는 작업. 보통 공개적으로 이루어졌다.

의 반역자로 몰아 인민재판을 했습니다. 인민재판에서는 법적 절차나 근거 없이 마구잡이로 판결이 내려졌지요. 사형 선고받은 사람을 그 자리에서 죽이기도 했습니다. 이런 재판을 몇 차례나 보아야 했던 남한 주민들은 공포에 떨었습니다. 그러면서 대한민국 치하에서 누렸던 자유를 그리워하게 되었지요.

대한민국의 건국과 함께 그 국적을 갖는 국민이 생겨났습니다. 그러나 이 국민들은 애국심을 지닌, 잘 통합된 국민은 아니었습니다. 또 나라의 기초 이념인 자유민주주의에 대한 이해도 낮은 편이었습니다. 전통 성리학의 사회 윤리에 충실한 농촌 주민들 가운데 남녀가 동등하게 투표하는 것을 못마땅하게 생각하는 사람도 있었습니다. 도시의 지식인들도 충실한 국민은 아니었지요. 자유민주주의를 원했던 사람들도 극심한 이념의 대립이나 그 결과로 빚어진 민족 분단의 현실을 받아들이지 못했습니다.

그런데 전쟁을 치르면서 국민들의 애국심과 국가에 대한 소속감이 강해졌습니다. 공산주의 체제를 겪어본 남한 주민들은, 대한민국이 북한의 공산주의 국가보다는 훨씬 낫다는 것을 알게 되었습니다. 부패하고 무질서했지만 남한에는 자유가 있었기 때문입니다.

3.
민주주의를
배우며
발전시키는
과정

민주주의는, 권력을 잡은 정당이 유권자인 국민의 선택으로 평화롭게 정권이 바뀌는 정치 제도를 말합니다. 민주주의 정치 제도가 갈등 없이 잘 움직이기 위해서는 우선 시민적 교양을 가진 중산층이 두터워야 합니다. 또 법치주의, 보통 선거, 의회 권력, 삼권 분립, 복수 정당과 같은 조건들이 두루 갖춰져야 합니다. 선진국에서는 이런 조건들이 수백 년에 걸쳐 서서히 성숙하였습니다. 그런데 새로 만들어진 후진국은 이런 조건을 갑자기 갖출 수 없지요. 선진국의 민주주의 제도를 본 따 들여오기는 했지만, 그것을 자신들의 몸에 맞추기 위해서는 많은 노력과 시행착오를 거쳐야 했습니다. 우리나라는 어떤 과정을 거쳐 민주주의를 발전시킬 수 있었을까요?

신생 후진국의 정치 체제

권위주의 체제는, 특정 정치가나 그를 중심으로 한 정치 세력이 권력을 독점하는 정치 체제를 말합니다. 이런 경우 정권이 바뀔 가능성도 거의 없지요. 대부분의 후진국에서는 민주주의 정치 제도가 권위주의 체제로 흘러가기 쉽습니다. 특히 독립운동에 큰 공적을 남긴 정치가가 권력을 잡을 때 이런 일이 많이 일어납니다. 이런 정치가는 대중에 대한 카리스마를 발휘하게 되고 거기서 권위주의 체제가 쉽게 성립되는 것입니다.

권위주의 체제는 정부당 체제(政府黨體制)를 통해서도 성립되었습니다. 정부당 체제는 권력자를 중심으로 집권 여당이 행정부와 한편이 된 정치 체제를 말합니다. 이런 체제에서 집권 여당은 대중을 동원할 수 있는 커다란 능력을 갖게 됩니다. 그렇게 되면 보통 선거제나 **복수 정당제*** 같은 민주주의 정치 제도가 있어도 정권이 바뀔 가능성이 거의 없어지지요.

대한민국에서도 건국 후 얼마 되지 않아 권위주의 체제가 나타났습니다. 한국에서 권위주의 체제가 성립된 것은 1952년의 일입니다. 이승만 대통령의 개인적 카리스마와 자유당에 의한 정부당 체제 성립이 그 계기가 되었습니다. 한국의 권위주의 체제는 1987년까지 35년 동안이나 이어졌습니다. 35년간 버틴 권위주의 체제가 결국 해체된 것은 그 사이 시민적 교양을 가진 중산층이 널리 성립한 덕분입니다. 또 대통령 개인의 카리스마가 사라지면서 정부당 체제의 힘도 약해졌기 때문입니다. 이렇게 한국 정치는 건국 이후 거의 40년에 가깝게 민주주의를 배우고 발전시키는 시간을 가졌던 것입니다.

*복수 정당제(複數政黨制)
한 나라에 최소한 두 개 이상의 정당이 존재할 수 있도록 한 정치 제도. 이 정당들은 국민의 다양한 의사를 정치에 반영하기 위해 서로 경쟁하고 자기 정당이 권력을 잡기 위해 노력한다.

팽팽하게 맞선 대통령과 국회

일제로부터의 해방을 느닷없이 맞이했듯이 대한민국의 건국도 충분한 준비 없이 허둥지둥 이뤄졌습니다. 건국의 토대라 할 수 있는 헌법은 5·10선거로 소집된 국회에서 고작 한 달 반의 짧은 기간에 만들어졌습니다. 새롭게 만들었다기보다는 여러 선진국의 헌법을 골라 짜깁기한 헌법이었지요.

초대 국회에서는 한민당의 세력이 가장 컸습니다. 한민당은 식민지 시기에 성장한 지주, 자본가, 전문적 직업인을 기반으로 한 정당이었습니다. 5·10선거 때 한민당이 차지한 의석은 전체 198석 가운데 29석에 지나지 않았습니다. 하지만 한민당은 풍부한 자금력과 인맥을 동원하여 무소속 의원들을 끌어들였습니다. 그래서 국회가 열린 때쯤에는 80석 이상을 확보하여 가장 세력이 강한 정파가 되었지요.

한민당의 주도로 건국 헌법이 제정되었습니다. 한민당과 헌법 초안을 만든 법률가들이 가장 마음에 들어 했던 민주적 정부의 형태는 **독일 바이마르 공화국***의 내각책임제였습니다. 그래서 건국 헌법의 초안에서 정부 형태는 내각책임제로 정했지요.

건국을 즈음할 당시 대중에게 가장 잘 알려지고 영향력이 큰 정치인은 이승만이었습니다. 그와 명성을 다툰 정치인 중 5·10선거 이후까지 영향력이 남아 있었던 사람은 한 명도 없었지요. 중도 좌파의 여운형은 암살을 당했고 공산당의 박헌영은 북한으로 도망쳤습니다. 임시 정부를 대표한 우익의 김구와 중도 우파의 김규식은 대한민국 건국에 반대하며 5·10선거에 참여하지 않았습니다. 홀로 남아 나라를 세우는 데 가장 큰

*독일 바이마르 공화국

1918년 11월 혁명 후 세워져 1933년 나치 정권 수립까지 있었던 독일 공화국을 이르는 말. 1919년 열린 국민의회가 바이마르에서 헌법을 채택했기 때문에 바이마르 공화국이라는 이름이 붙었다. 바이마르 헌법에서 평상시 대통령은 국가 수반으로 의전상 역할만 하도록 되어 있었다. 그 외에 나라 안을 다스리거나 외교, 국방의 업무 등 국정의 책임은 모두 총리에게 있었다. 하지만 이 헌법은 대통령에게 비상시, 국민의 자유를 일시 정지하고 의회를 해산할 수 있는 권한을 주었다. 바이마르 공화국은 1933년 대통령이 총리로 임명한 히틀러에 의해 문을 닫았다.

공을 세운 이승만은 정부 형태에 대해 국회와 생각이 달랐습니다.

"나라를 새로 세우는 지금, 해결해야 할 일이 산처럼 쌓여 있다. 이런 상황을 헤쳐 나가려면 강력한 정치적 지도력이 필요하다. 또 내각책임제가 되면 민주 정치가 고질적인 **붕당(朋黨) 정치***로 흘러갈 가능성이 크다. 양쪽이 치열하게 싸우는 중에 공산주의 세력이 내각에 침투할 위험도 있고……. 그러니 새 정부에는 내각책임제보다 대통령 중심제가 알맞다."

이렇게 생각한 이승만은 정부 형태를 대통령 중심제로 바꿀 것을 국회에 요청했습니다. 한민당은 그의 요청을 들어주었습니다. 초대 국가 원수가 될 사람이 이승만밖에 없다고 생각했기 때문입니다.

하지만 실제 만들어진 헌법은 여전히 내각책임제의 요소를 많이 담고 있었습니다. 그 예로 대통령과 부통령의 선출 방법을 들 수 있습니다. 대통령과 부통령을 국회에서 선출하기로 정했는데 이래서는 온전한 대통령 중심제가 될 수 없지요. 또 대통령과 부통령은 한데 묶여 선출되는 것이 아니라 따로따로 국회에서 뽑았습니다. 국회의 선택에 따라 두 사람은 서로 다른 정파에서 나올 수도 있었습니다. 그렇게 되면 정치가 안정되기 어렵지요.

건국 헌법에서는 국회가 대통령을 선출하고 국무총리를 승인할 권리까지 가지도록 하였습니다. 대통령의 권력을 국회에 종속시킨 것이지요. 이렇게 건국 헌법은 대단히 불완전한 헌법이었습니다. 그래서 헌법이 제정된 후에도 대통령과 국회 사이에 심각한 다툼이 벌어질 수밖에 없었습니다.

건국 헌법의 문제점은 얼마 지나지 않아 바로 드러났습니다. 이승만을

***붕당 정치**
뜻이나 이익을 같이하는 사람들끼리 모여 파벌을 이루어 국정을 주관하고 또 다른 파벌인 붕당을 비판하고 견제하면서 행하는 정치.

▶ 김성수(金性洙, 1891~1955)

전북 고창 출신으로 아호는 인촌(仁村). 일본 와세다대학을 졸업 후 귀국하여 중앙고등보통학교를 인수하여 교장이 되었고 경성방직을 설립, 운영하였다. 1920년엔 동아일보를 창간하고 오늘날 고대 전신인 보성전문학교를 인수하였다. 8·15 광복 후 김구, 조소앙과 함께 반탁 운동을 주관했고 1947년부터 한국민주당의 당수를 지내기도 했다. 6·25전쟁 중엔 대한민국 제2대 부통령을 역임했다.

*불신임안(不信任案)

의회가 대통령이나 국무총리, 국무 위원에 대하여 더 이상 믿고 정치를 맡길 수 없다는 뜻을 결의한 안건.

초대 대통령으로 뽑은 한민당은 대표인 김성수가 국무총리로 지명될 것으로 기대했습니다. 하지만 이승만 대통령은 식민지 시기에 힘을 가졌던 지주와 자본가들이 모인 한민당을 믿지 않았습니다. 그는 한민당의 뜻에 따라 움직이면 국민들이 실망할 것이라고 생각했습니다. 이승만 대통령은 정파를 떠나 전체 국민의 직접적인 지지를 받고자 한 것입니다. 물론 이런 속마음에는 권력을 독점하려는 욕심도 담겨 있었지요.

이승만 대통령은 북한에서 내려온 조선민주당의 지도자 이윤영을 초대 국무총리로 임명했습니다. 한민당은 내각 각료로 일곱 자리를 요구했지만 대통령은 고작 한 자리를 내주었을 뿐입니다. 한민당은 크게 실망하여 국무총리 승인을 거부하였습니다. 그에 맞서 이승만 대통령은 또다시 어느 정파에도 속하지 않는 이범석을 국무총리로 임명하였습니다. 이범석은 광복군 참모장 출신이지요. 국회는 마지못해 국무총리를 승인하였습니다. 초대 행정부를 더 이상 총리 없이 돌아가게 할 수 없었기 때문입니다.

1949년에도 대통령과 국회의 권력 다툼은 계속되었습니다. 그해 2월에 한민당을 비롯한 국회의 여러 정파가 민주국민당(민국당)으로 합쳐졌습니다. 민국당은 대통령에 협조하지 않았습니다. 행정부가 제출한 법령은 국회에서 수정되거나 제대로 처리되지 않았습니다. 대통령 세력은 여러 수단으로 야당을 압박했습니다. 그에 맞서 야당은 정부 형태를 내각 책임제로 바꾸자는 개헌안을 국회에 내놓았습니다. 사실상 대통령에 대한 노골적인 **불신임안***이었습니다.

급기야 이승만 대통령은 자신이 통제하고 있던 여러 단체를 동원했습니다. 그는 미 군정 때부터 여러 단체를 조직하고 자신의 통제 아래 두고 있었습니다. 공산주의 세력의 활동에 맞서기 위해서였습니다. 1949년 12월 이승만 대통령은 여러 청년 단체를 합쳐서 **대한청년단***으로 조직하고 그 총재에 취임하였습니다.

국회에 내각책임제를 위한 개헌안이 제출되자 전국에서 대한청년단 등 여러 단체가 반대 시위를 벌였습니다. 국회에서 표결에 부쳐진 개헌안은 부결되었지요. 찬성 77표, 반대 33표였는데 기권이 66명이나 되었습니다. 기권이 그렇게 많았던 것은 청년 단체의 힘에 질린 국회의원들이 뒷걸음질 쳤기 때문입니다.

1950년 2월에 제2대 국회의원 선거가 실시되었습니다. 이 선거에서 대통령을 지시한 대한국민당과 대통령을 반대한 민국당의 당선자는 각각 24명뿐이었습니다. 이 선거에서도 무소속 당선자가 60%를 차지했습니다. 아직 정당 정치가 뿌리내리지 못했기 때문이지요. 국회는 혼돈을 거듭하였습니다. 얼마 지나지 않아 민국당은 다시 다수당이 되었습니다. 무소속 의원들을 포섭한 결과입니다. 제2대 국회의 국회의장으로는 민국당의 위원장인 신익희(申翼熙)가 뽑혔습니다. 국회는 계속 야당의 지배 아래 있게 되었습니다.

국민의 손으로 대통령을 직접 뽑다

곧이어 터진 6 · 25전쟁 때문에 대통령과 민국당은 싸움을 잠깐 멈췄습니다. 힘을 합쳐야겠다고 생각한 대통령은 민국당의 인사들을 내각의 주요한 자리에 앉혔습니다. 그해 11월에는 민국당의 장면(張勉)을 국무총리에 임명하기도 했지요. 그런데 화해 분위기는 오래가지 못했습니다.

*대한청년단

1948년 12월 이승만의 지시로 우파 청년 단체들을 통합하여 만든 단체. 이승만이 총재이고 장택상, 지청천, 전진한, 서상천 등이 최고 위원이다. 날로 세력이 커져가는 이범석의 '족청'(민족청년단)을 견제하기 위해서 만들어진 것이다.

▶ 신익희(申翼熙, 1892~1956)

호는 해공(海公). 상하이 임시 정부 창설에 참여. 초대 법무부 차장, 외무부 차장, 내무부장 등을 지냈다. 1945년 12월 귀국 후 반탁운동을 펴며 우익 정치인으로 활동하다가 김구, 김규식의 남북협상론에 반대, 이승만 세력에 합류했다. 1948년 7월 초대 국회 부의장에 선출되었으나 국회의장 이승만이 대통령이 되자 그 뒤를 이었다. 제3대 대통령 선거에 야당 후보로 출마, 이승만과 대결했으나 유세 중 열차에서 갑자기 세상을 떠났다.

국민방위군 사건과 거창 양민 학살 사건으로 대통령 세력과 야당은 다시 치열하게 싸우기 시작했습니다.

1950년 11월 국회는 군경, 공무원, 학생이 아닌 17~40세 남자를 국민방위군으로 만드는 법을 통과시켰습니다. 12월 50만 명에 달하는 국민방위군이 서울에서 모여 남쪽으로 걸어서 이동하였습니다. 그런데 국민방위군 지휘부는 병사들에게 전달해야 할 보급품의 상당 부분을 빼돌렸습니다. 그로 인해 90,000명에 달하는 국민방위군이 굶어 죽거나 얼어 죽었습니다. 국민방위군의 지휘부는 이승만 대통령의 신임을 받는 대한청년단의 간부들이었습니다. 대통령의 심복인 국방부 장관은 이런 엄청난 사건을 슬쩍 덮어버리려고 했습니다. 사건의 원인과 책임 소재도 밝히지 않은 채로 말이지요. 여론의 비난이 매서워지자 대통령은 국민방위군 지휘부 다섯 명을 공개 처형하였습니다.

1951년 2월에는 빨치산을 토벌 중이던 국군이 경남 거창군 신원면에서 죄 없는 양민 719명을 학살하는 사건이 벌어졌습니다. 대통령의 신임을 받는 국방부 장관은 이마저 덮어버리려고 하였습니다. 나라의 위신을 훼손하고 군대의 사기를 떨어뜨린다는 이유에서였습니다. 국회와 국민은 크게 분노했습니다.

이때는 이승만 대통령의 임기가 1년여 남았을 때였습니다. 이승만 대통령이 국회에서 다시 뽑힐 가능성은 거의 없어 보였습니다. 가까운 사람들의 무능과 부패로 정치가 잘못 이뤄지고 있었기 때문입니다. 하지만 이승만 대통령은 포기하지 않았습니다. 그는 절대다수의 국민이 자신을 지지하고 있다고 굳게 믿었습니다. 그래서 국민이 직접 대통령을 뽑는 방식으로 헌법을 바꾸려고 하였습니다.

그에 반해 한민당은 대통령을 국민이 직접 뽑는 것은 시기적으로 이르다고 주장했습니다.

"우리 국민의 정치의식이 아직 낮은 수준이어서 대통령을 제대로 뽑을 능력이 없습니다. 그러니 대통령 직선제는 나중으로 미뤄야 합니다."

이승만 대통령은 대통령 직선제를 이뤄내기 위해 정당을 만들기 시작했습니다. 이승만 대통령의 제안에 따라 그의 통제 아래 있던 대한국민회, 대한청년단, 대한노동조합총연맹, 농민조합연맹, 대한부인회 등의 단체가 자유당을 만들었습니다.

▶ 장택상(張澤相, 1893~1969)
경북 칠곡 출신으로 호는 창랑(滄浪). 영국 에든버러 대학교에서 공부했다. 미 군정 때 수도 경찰청장을 역임. 조선공산당원과 남로당원을 단속하다 열차례나 테러를 당하기도 했다. 건국 후 초대 외무부 장관을 역임했고 제3대 국무총리를 지냈다. 박정희 정권 시절엔 야당 지도자가 되어 한일회담 반대에 앞장섰다.

1951년 11월 국회의 대통령 지지 세력은 개헌안을 내놓았습니다. 국민이 대통령을 직접 뽑게 하고 국회를 민의원과 참의원의 양원제로 바꾸자는 내용이었습니다. 민의원의 임기는 4년, 참의원의 임기는 6년으로, 2년마다 의원의 3분의 1씩을 다시 뽑도록 했습니다. 1952년 1월 국회는 대통령 세력이 내놓은 개헌안을 19대 143으로 부결했습니다. 그러자 자유당에 속한 단체들이 전국적으로 시위를 벌였습니다. 다음 대통령 선거를 둘러싸고 치열하게 벌어진 이 정치 전쟁은 공산군과 전쟁이 한창일 때, 임시 수도 부산에서 일어났습니다.

1952년 4월에는 국회의원 123명이 내각책임제 개헌안을 내놓았습니다. 개헌에 필요한 숫자는 122명이었는데 개헌을 원하는 의원들은 이를 넘는 다수 세력이었습니다. 위기에 몰린 이승만 대통령은 장택상(張澤相)을 국무총리로 임명했습니다. 장택상은 국회에서 21명의 세력을 거느리고 있었습니다. 대통령은 장택상을 자기편으로 끌어들인 것입니다. 물론 장택상과 그의 정파는 대통령 직선제로 입장을 바꿨지요.

4월 25일에는 지방 선거가 실시되었습니다. 국회 밖에서 활동하던 원외 자유당의 활약으로 지방 선거에서는 대통령 세력이 압도적으로 승리하였습니다. 당선된 지방 의원들은 직선제 개헌을 지지하고 야당 의원들을 규탄했습니다. 중앙 정치에서 위기에 처한 이승만 대통령은 보통 선거의 확장을 통해 자신의 카리스마를 현실 정치의 힘으로 끌어들인 것입니다. 이런 이승만 대통령의 정치적 능력에 야당은 맞설 힘이 없었습니다.

5월 14일 정부는 개헌안을 다시 국회에 내놓았습니다. 개헌안의 내용은 대통령 직선제와 양원제를 이루자는 것이었습니다. 이때는 대통령 임기를 불과 석 달 남겨둔 때였지요. 대통령은 자유당 부총재인 이범석을 내무장관으로 임명하여 경찰력을 손에 넣었습니다. 5월 25일 대통령은 친위 헌병부대를 동원하여 부산과 경남, 전남, 전북 일원에 계엄을 선포하였습니다. 야당의 항의 집회는 계엄 위반으로 탄압되었습니다.

이 무렵 미국 정부는 이승만 대통령을 제거할 계획을 세웠습니다. 이승만 대통령은 미국이 전쟁을 마무리하는 데 큰 장애가 되고 있었기 때문이지요. 미국이 보기에 이승만 대통령은 점점 독재자로 변하고 있고 고집스럽게 휴전을 반대하는 골치 아픈 존재였습니다. 하지만 미국은 그를 대신할 인물을 찾지 못했습니다. 그래서 국무총리 장택상을 내세워 타협을 하게 했습니다. 장택상은 정부와 야당이 제출한 두 개의 개헌안 중 내용을 가려 뽑아(발췌) 새로운 개헌안(발췌 개헌안)을 만들어 제출했습니다.

발췌 개헌안은 대통령 직선제에 내각책임제 요소를 더한 것입니다. 발췌 개헌안이 국회에 상정되자 야당 의원들은 국회에 나오기를 거부했습니다. 그런데 경찰과 계엄군은 야당 의원들을 강제로 끌고 나와 표결을 위한 정족수를 채웠습니다. 경찰이 국회를 포위한 가운데 166명이 찬

▶ 발췌 개헌안 통과
국회의원 장택상을 중심으로 한 신라회(新羅會)가 주축이 되어 대통령 직선제를 골자로 한 정부안과 내각책임제를 골자로 한 국회안을 발췌하여 이른바 발췌개헌안을 마련했다. 1957년 7월 4일 발췌개헌안은 경찰이 국회를 포위한 가운데 강압적인 분위기에서 통과되었다.

성하여 발췌 개헌안은 통과되었습니다. 이 사건을 부산 정치 파동이라고 합니다.

첫 직선 대통령 이승만

뒤이어 실시된 대통령 선거에서 이승만이 당선되었습니다. 경쟁 후보였던 민국당의 이시영 후보는 76만 표를 얻은 데 비해 이승만은 523만 표를 얻었습니다. 압도적인 지지를 받은 것이지요. 부산 정치 파동에서 본 것처럼 대통령 세력은 헌법의 테두리를 넘어 무리한 행동을 했습니다. 야당의 지지 세력은 헌법적 민주주의를 지키려고 투쟁한 것이고요. 그럼에도 불구하고 국민들은 난생 처음 치러보는 대통령 선거에서 대통령 세력을 압도적으로 지지했습니다. 이것이 1950년대 한국 정치의 현실이었습니다.

해방 후 3년 동안 대한민국의 건국 세력은 자유민주주의를 지키기 위

▶ 제2대 대통령 취임식
발췌 개헌안에 의해 직선제로 바뀐 제2대 대통령 선거에서 이승만은 압도적 표차로 당선되었다. 취임식은 당선 열흘 뒤인 1952년 8월 15일에 중앙청에서 열렸다.

해 공산주의 세력과 치열하게 싸웠습니다. 이 건국 세력의 중심부에 이승만 대통령이 있었지요. 대다수 국민은, 이승만 대통령이 민주주의 정치 제도를 가져다준 상징적인 인물이라고 생각했습니다. 6 · 25전쟁 중이던 당시, 북한의 무력 침략에 맞서 싸우는 이승만 대통령은 자유민주주의의 수호자로까지 비치게 되었습니다.

그에 비해 한민당과 민국당으로 이어진 야당 세력은 식민지 시기에 성장한 지주, 자본가, 전문적 직업인으로 일제에 협력했다는 흠을 조금씩이라도 안고 있었습니다. 그러니 국민들은 야당의 정치적 권위를 인정할 수 없었던 것이지요. 또 국민의 대다수가 대통령을 자신들의 손으로 뽑기 원했습니다. 그래서 대통령 직선제를 내놓은 이승만 대통령을 더욱 지지했습니다.

대통령은 1954년 3월 제3대 국회의원(민위원) 선거를 맞아 다시 헌법을 고치자고 제안했습니다. 대통령이 고치자는 내용의 핵심은 다음의 세 가지였습니다.

- 주권의 제약 또는 영토의 변경과 관련된 중대 사항을 대상으로 **국민투표제***를 도입한다.
- 대통령의 권력을 제약하는 국무총리제를 폐지한다.
- 초대 대통령에 한하여 임기 제한 규정의 적용을 면제한다.

이 중 세 번째 내용이 가장 큰 논란거리가 되었습니다. 당시 헌법에는, 선거에서 당선된다면 한 번에 한해 다시 대통령이 될 수 있도록 정해져 있었습니다. 그런데 그 제한을 면제한다는 것은 이승만 대통령이 스스로 물러날 때까지, 즉 세상을 떠날 때까지라도 대통령 자리에 앉아 있을 수 있게 한다는 것입니다.

자유당은 이 개헌안을 찬성하는 사람에게만 제3대 민의원 선거의 후보가 될 수 있는 자격을 주었습니다. 선거 결과 자유당은 114석으로 54%를 차지했습니다. 자유당이 이렇게 선거에 승리할 수 있었던 것은 경찰과 관료들이 노골적으로 선거에 개입했기 때문입니다. 전반적으로 부정선거가 치러진 것이지요. 새로운 국회의장으로 자유당의 이기붕(李起鵬)이 뽑혔습니다.

그해 9월 자유당은 개헌안을 국회에 내놓았습니다. 이승만 대통령이 평생토록 대통령을 할 수 있게 하려는 개헌안에 대해서는 여론이 좋지 않았습니다. 그런데 지방 의원들이 들고일어나 국회를 압박하였습니다. 투표한 결과 찬성한 국회의원은 135명이었습니다. 헌법을 바꾸려면 136명의 찬성이 필요했는데 한 표가 부족했던 것이지요.

그때 국회의장 이기붕은 해괴한 주장을 내놓았습니다.

"개헌에 필요한 정족수는 정원 203명의 3분의 2인데 정확히 계산하면 135.33명입니다. 그런데 135.33명은 있을 수 없습니다. 사사오입(四捨五

*국민투표제

헌법 개정 등 중요한 나랏일을 최종적으로 결정하기 위해 국민의 표결에 붙이는 제도. 한국에서는 1954년 제2차 헌법 개정 때 국민투표제가 처음 실시되었다. 헌법 개정의 경우, 국회가 개정안을 의결한 후 30일 이내에 국민투표에 부쳐 국회의원 선거권자 과반수의 투표와 투표자 과반수의 찬성을 얻으면 개정이 확정된다. 헌법 개정 외에도 대통령이 필요하다고 인정할 때 외교·국방·통일, 기타 국가 안위에 관한 중요 정책을 국민투표에 부칠 수 있다.

▶ 이기붕(李起鵬, 1896~1960)
충북 괴산 출신. 호는 만송(晩松). 이승만의 비서, 국방부장관, 서울특별시장, 국회의장을 역임했다. 이승만의 지시로 자유당 창당을 주도하고 중앙위 의장에 추대되어 당의 실권을 잡았다. 1956년 제3대 부통령 선거에 출마했으나 야당의 장면에게 패배, 낙선하였다. 1960년 다시 부통령 선거에 출마, 당선되었으나 부정 선거로 사퇴하였다. 4·19 민주혁명으로 쫓겨나 아들 이강석이 쏜 권총에 의해 일가족 모두가 죽음을 맞았다.

入)의 논리에 따르면 135명이 개헌 정족수입니다."

4는 버리고 5는 취한다는 뜻의 사사오입은 반올림을 말하는 것입니다. 0.33명은 반올림이 안 되니 버려야 한다는 것이지요. 상식대로 한다면 개헌 정족수는 135명이 넘는 수, 그러니까 최소한 136명은 되어야 합니다. 하지만 이기붕은 이런 이상한 논리를 내세워 개헌안을 국회에서 통과시켰습니다.(사사오입 개헌)

이렇게 부산 정치 파동과 사사오입 개헌을 거치면서 한국의 권위주의 정치 체제가 만들어졌습니다. 권위주의 체제 아래서도 민주주의 정치 제도의 형식은 유지되었지요. 하지만 정권이 평화적으로 바뀔 가능성은 매우 적어졌습니다.

●
자유민주적 민족주의를 바탕으로 국가 정체성을 결정하다

이승만 대통령과 야당의 대립은 정부 형태에서 비롯되었습니다. 대통령 중심제를 원하는 대통령과 내각책임제를 원하는 야당 세력이 끊임없이 다툼을 벌였던 것이지요. 결과적으로 대통령 중심제가 승리하였습니다. 1960년 4·19혁명 이후 집권한 야당 세력은 주저하지 않고 정부 형태를 내각책임제로 바꿨습니다. 하지만 내각책임제는 곧 실패하고 5·16 군사 정변에 의해 버려졌지요. 그 이후 꾸준히 이어온 대통령 중심제에 대해 이의를 제기하는 사람은 없습니다. 이런 역사의 흐름을 보면 대통령 중심제를 위한 이승만 대통령의 투쟁은 신생 국가가 정부의 형태를 자리 잡아가는 과정이었다고 할 수 있습니다.

대통령 직선제도 마찬가지였습니다. 물론 규칙을 바꾸는 과정에서 무리가 있었습니다. 하지만 그 결과물인 대통령 직선제는 한국인들이 민주주의를 이야기할 때 가장 소중하게 평가하는 제도가 되었습니다. 대통령 직선제는 1971년 유신 체제가 만들어지면서 잠시 중단되었습니다. 이후 한국의 민주주의 세력은 대통령 직선제를 되찾는 것을 최고의 목표로 삼았지요. 1987년 대통령 직선제를 되찾는 데까지는 치열한 투쟁이 필요했습니다.

이승만 대통령의 권위주의 체제는 대통령 중심제나 직선제를 얻어내기 위한 것만은 아니었습니다. 권위주의 체제는 그가 평생을 두고 추구해온 정치적 이념을 실현하기 위한 방법이었습니다. 이승만 대통령은 한국을, 자유를 기초로 한 독립 국가로 만들고자 했습니다. 이 같은 생각은 흔들리지 않는 반공주의로 나타났습니다. 그에게 있어 공산주의와의 협상은 집에 불을 지르는 사람과 협상하는 것과 다름없는, 어리석은 일이었습니다.

건국 이후 이승만 대통령의 반공주의는 북진통일론으로 이어졌습니다. 통일은 한국인 모두에게 포기할 수 없는 가장 중요한 목표였습니다. 이승만 대통령은 통일의 방법에 대해 이런 논리를 내세웠습니다.

"몸의 한쪽에 병이 들었다면 나머지 반쪽이라도 건강을 지킨 다음 병든 반쪽을 치료해야 한다."

이것이 곧 북진통일론이었지요. 북한의 도발로 일어난 6·25전쟁은, 그에게는 북진 통일의 기회였고 통일을 이루기까지는 멈출 수 없는 전쟁이었습니다. 그의 반공주의와 북진통일론은 1950년대 한국인들을 하나의 정치적 질서 아래 단결시켰습니다. 그것은 자유민주주의에 바탕을 둔 민족주의였습니다. 이승만의 시대가 막을 내린 후에도 그가 만든 국민 통합의 이념적 기반은 강건하게 유지되었습니다.

또 이승만 대통령의 자유민주적 민족주의는 강렬한 자주 외교로 나타났습니다.

"대한민국은 자유 진영과 공산 진영이 대립하는 세계 속에서 반공의 최전선 보루(保壘)이다. 미국은 그 반공의 보루를 지키고 지원할 의무가 있다. 6·25전쟁은 종교 전쟁과 같이, 자유 진영의 미국이 포기해서는 안 될 전쟁이다. 이 전쟁에 승리해야 한국도 오랜 소원인 민족 통일을 이루고 세계의 자유 진영도 승리할 것이다."

이것은 이승만 대통령이 미국에 한결같이 던진 메시지의 핵심이었습니다. 그의 주장에 설득된 미국은 한미상호방위조약을 맺었습니다. 미국은 한국에서 성공하였기에 소련과의 냉전에서 승리할 수 있었습니다.

자주 외교를 펼쳤던 이승만 대통령은 일본에 대해 강경한 태도를 보였습니다. 미국은 한국이 일본과 협조하여 경제 발전을 이루고 지역 안보를 확고히 할 것을 원했습니다. 이승만 대통령의 입장에서 보면 이것은 한국이 일본에 다시 종속되는 것을 의미했습니다. 이승만 대통령은 미국의 이런 입장에 대해 반발했지요. 그래서 일본과 한층 더 대립했습니다. 그는 일방적으로 **해양 주권***을 선포하고 우리의 **영해***(領海)에 들어온 일본 어선을 잡아들였습니다. 그리고선 독도가 한국 영토임을 분명히 밝혔습니다.

야당 세력은 대통령의 이 같은 정치 이념과 외교 노선을 충실하게 따랐습니다. 대안이 없었기 때문이지요. 그 점에서 이승만 대통령은, 건국과 민주주의 수호, 전쟁과 재건, 민족 통일의 정치 현실과 과제를 풀어나갈 수 있는 당대 최고의 정치적 지도력을 갖춘 사람이었습니다.

*해양 주권(海洋主權)

영토나 영해 주권보다 더 넓은 해양에 대한 주권의 주장. 미국 등 강대국들은 1977년부터 200해리(370.4㎞) 경제 수역을 선포했다. 이승만 대통령은 1952년 1월 18일 '대한민국 인접 해양의 주권에 대한 대통령의 선언'을 공표하였고 이때 처음으로 한국과 주변 국가 사이의 수역 구분과 자원 및 주권 보호를 위한 경계선이 정해졌다. 이 경계선은 독도를 대한민국의 영토로 포함하고 있다.

*영해(領海)

영토에 가까이 있어 그 나라의 주권이 미치는 범위의 바다를 말한다. 국토는 영토(육지) 외에도 영공(하늘)과 영해(바다)를 포함한다.

결론적으로 말하면 이승만 대통령의 권위주의 체제는, 반공주의, 북진 통일, 미국과의 동맹, 일본과의 대립을 통해 대한민국의 국가 정체성을 결정하였습니다. 그 바탕에는 자유민주적 민족주의가 있었던 것입니다.

도시에서부터 외면당한 권위주의 체제

1955년 민주당이 만들어졌습니다. 민주당은, 민국당과 이승만의 독재에 저항하여 자유당에서 빠져나온 세력, 기타 무소속 세력이 모인 정당이었습니다. 새로운 민주당에는 두 개의 파가 있었습니다. 그중 하나는, 신익희, 조병옥을 중심으로 한 구파였습니다. 그들은 건국 과정에서 이승만과 같은 길을 걷다가 건국 이후 정권에서 밀려난 인물들이었습니다. 다른 하나는, 장면을 중심으로 한 신파였습니다. 그들은 1952~1954년 이승만 대통령에 반대하는 노선으로 돌아선 각료 및 의원 출신이었지요. 민주당은 공정한 자유 선거를 통한 대의 정치와 내각책임제를 공약으로 내걸었습니다.

1956년 제3대 대통령과 부통령 선거에 자유당은 이승만과 이기붕을 후보로 내세웠습니다. 이때 이승만은 이미 80세를 넘긴 노인이었습니다. 다시 대통령을 하는 것은 무리로 보였지요. 또 새롭게 유권자가 된 세대는 더 이상 그의 카리스마를 인정하지 않았습니다. 해방 후 민주주의 교육을 받은 세대에게 이승만 대통령은 늙고 고집 센 독재자일 뿐이었습니다.

하지만 이승만 대통령은 가던 길을 멈출 수 없었습니다. 자유당에 그

▶ 대통령 선거 후보 사진
남대문에 걸린 선거 후보의 사진.
자유당의 이승만은 대통령 후보
로, 이기붕은 부통령 후보로 출
마하였다.

를 대신할 사람이 없었기 때문입니다. 만일 야당으로 정권이 넘어간다면 정부 형태가 내각책임제로 바뀔 것이 분명했습니다. 그것은 지난 8년 동안 이승만 대통령이 추구해온 모든 것을 허무는 일이었습니다.

부통령 후보 이기붕은 이승만 대통령의 비서 출신이었습니다. 대통령의 신임을 얻어 서울시장, 국방 장관, 국회의장과 자유당 총재를 지냈지만 혼자 힘으로는 선거에 이길 수 없는 사람이었습니다.

이런 어려운 상황에서도 1956년 대통령 선거에서 이승만이 당선되었습니다. 어느 정도의 인기는 남아 있었던 데다 경쟁자인 민주당 후보 신익희가 갑자기 병으로 세상을 떠났기 때문입니다. 그런데 이기붕은 민주당 후보인 장면에게 졌습니다. 대통령과 부통령이 서로 다른 정당에서 나온 것이지요. 부통령은, 대통령에게 무슨 일이 생겨 그 직무를 수행할 수 없을 때 대통령직을 이어받는 자리입니다. 80세를 넘긴 대통령이 세상을 떠나면 정권은 자유당에서 민주당으로 저절로 넘어갈 판이었습니다.

자유당은 1958년 제4대 국회의원 선거에서 정부당 체제를 강화했습니다. 지방 의회 의장, 지방 재판소장, 지방 검찰청장, 경찰서장, 세무서장, 신문사 사장, 방송사 사장, 대학교 총장, 중·고등학교 교장 등 유력한 자리를 자유당원들이 차지했습니다. 또 자유당은 농촌 사회에까지 깊숙이 침투하여 많은 주민을 당원으로 끌어들였습니다. 농촌 사회에 경로당과 같은 공공시설을 만들어주고 농촌 청년들을 도시에 취업시켜주면서 인심을 얻어냈습니다. 자유당의 자금력과 행정력을 총 동원한 결과이지요.

그럼에도 불구하고 제4대 국회의원 선거에서 자유당 의석이 줄어들고 민주당 의석은 33석이나 늘어났습니다. 이승만 대통령의 권위주의 체제가 사그라지고 있다는 증거였습니다. 특히 도시 사람들이 더 많이 민주당을 지지했지요. 자유당은 뒤이어 실시된 지방 의원 및 단체장 선거에서도 도시에서 철저하게 패배했습니다.

파국으로 치닫는 자유당 정권

이승만이 당선된 1956년 대통령 선거에서 두 번째로 많은 표를 얻은 사람은 조봉암(曺奉岩)이었습니다. 신익희가 사망하자 그를 지지하던 많은 사람이 조봉암에게 표를 던졌습니다. 그 조봉암이 1956년 11월 진보당을 만들었습니다. 진보당은 자본주의와 사회주의의 중간 형태인 사회민주주의를 향해 나아가겠다고 선언했습니다. 그래서 책임 있는 혁신 정치, 수탈 없는 계획 경제, 민주적 평화 통일을 강령으로 내걸었습니다.

그런데 이 '평화 통일'이 문제가 되었습니다. 진보당이 창당된 그 해 북한이 평화 통일을 주장했기 때문입니다. 1958년 1월 이승만 정부는 진보당의 주요 간부 10여 명을 잡아들였습니다. 국가보안법을 위반했다는 것이었지요. 또 조봉암과 친한 양명산(梁明山)이란 사람도 간첩 혐의로 체포되었습니다. 조봉암은 양명산을 통해 북한의 돈을 받았다는 혐의를 받았습니다.

재판에서 조봉암과 진보당 간부들은 무죄를 선고받았습니다. 그러자 대통령과 그를 지지하는 여러 단체가 고등법원에 압력을 넣었습니다. 결국, 1958년 10월 고등법원은 조봉암에게 사형을 선고했습니다. 다음 해 2월 대법원에서도 같은 판결이 내려져 5개월 뒤 조봉암은 사형을 당했습니다.

이승만 정부는 평화 통일을 내세운 조봉암을 왜 제거하려고 했을까요? 평화통일론은 이승만 대통령이 내세우는 북진통일론에 대한 정면 도전이었습니다. 그때는 전쟁이 끝난 지 겨우 3년이 지난 때였습니다. 전쟁의 상처가 채 아물지도 않았는데 조봉암이 북한의 주장에 동조하는 듯한 평화통일론을 내세웠던 것을 대통령은 용서할 수 없었던 것입니다.

이승만 대통령은 1958년 12월 국가보안법을 개정했습니다. 바뀌게 된 핵심 내용은, 언론이 허위 사실을 일부러 퍼트리거나 사실을 왜곡하여 인심을 어지럽힐 경우 이를 처벌한다는 것이었습니다. 언론의 자유를 위축시킬 것이라며 야당과 언론은 반발했지요. 하지만 이승만 정부는 바뀐 법을 바로 사용했습니다. 1959년 초, 평소 민주당을 지지하며 정부를 비판하던 경향신문을 폐간시킨 것입니다.

　이승만 개인 숭배도 더욱 심해졌습니다. 초등학생들은 조회 시간에 대통령 찬가를 불러야 했습니다. 그의 생일에는 전국에서 축하 행사가 열렸습니다. 이승만 대통령의 권위주의 체제는 서서히 벼랑 끝을 향해 가고 있었지요. 1956년부터 시작된 정치 체제의 위기는 1960년 제4대 대통령과 부통령 선거에서 폭발하고 말았습니다.

4.
자립 경제의
길을
찾아서

1953년 6·25전쟁이 휴전된 때부터 1960년까지, 불과 7년의 짧은 기간이었지만 이승만 정부는 경제·사회·문화에서 큰 업적을 남겼습니다. 이 시기, 정치적으로는 혼란했지만 다른 부문에서는 꾸준한 성장을 이룰 수 있었습니다. 이승만 정부는 우선, 공산주의 세력의 침략으로부터 나라를 지키고 미국과 동맹 관계를 굳건히 하여 한국 사회가 안정적으로 발전할 수 있는 여건을 만들었습니다. 또 미국의 원조를 국가 기간산업 건설에 투자하여 자립 경제의 바탕을 마련하였지요. 거기에 자본의 기초가 약했던 민간 기업들이 성장할 수 있도록 길을 열어주기도 했습니다. 또 교육에 대한 아낌 없는 투자로 훌륭한 인재가 양성되도록 힘을 기울였습니다. 이렇게 이 기간은 1960년대 이후의 발전을 가능하게 한 발판을 착실하게 다진 시기였습니다.

한국 경제 재건에 큰 힘이 된 미국의 원조

전쟁이 끝난 뒤 미국은, 한국이 경제를 다시 일으킬 수 있도록 적지 않은 경제 원조를 제공했습니다. 경제 재건에 필요한 원자재, 부품, 기계 등은 미국이 제공한 원조로 확보할 수 있었습니다. 1957년 한국의 수출은 총 2,220만 달러에 지나지 않았습니다. 그런데 총 수입은 4억4,220만 달러나 되었지요. 그중 한국 정부가 해결할 수 있는 수입은 6,820만 달러뿐이었습니다. 나머지 3억7,400만 달러는 미국의 원조 달러로 갚아야 했습니다.

한국 정부는 될 수 있는 한 원조 달러를 **기간산업***과 **생산재 공업***의 건설에 투자하기 원했습니다. 그래야 자립 경제의 기반을 이룰 수 있기 때문입니다. 하지만 미국 정부는 한국 경제가 물가 상승률을 억제하고 경제적 안정을 찾는 것이 가장 중요한 과제라고 생각했습니다. 그래서 생산재 공업보다 **소비재 공업***이 먼저 건설되어야 한다고 주장했습니다.

원조 달러를 어디에 쓸 것인가에 대해서 미국의 의견을 무시할 수는 없었습니다. 1950~1961년까지의 원조 중에는 연료 및 비료가 가장 많았습니다(26%). 그 다음이 시설재(22%), 최종 소비재(19%), 공업 원료용 농산물(17%), 기타 원자재(10%) 순이었습니다.

한국 정부는 미국으로부터 받은 원조로 수입한 물자를 민간에게 판매했습니다. 그 결과 27억 달러에 상당하는 한국 화폐의 수입이 생겼습니다. 이 돈은 한국은행에 예치(預置)되었는데 이를 **대충자금***(對充資金)이라 했지요. 대충자금은 한국 정부의 중요한 재정 수입이 되었습니다. 해마다 대충자금은 정부 재정에 편입되어 그중 30~40%는 부족한 국방비

***기간산업**(基幹産業)
나라 산업의 기초를 이루며 다른 산업을 발전시키는 데 꼭 필요한 산업. 철강·제련 등의 금속 산업, 비료·시멘트 등의 화학 공업, 기계·조선·차량 등의 기계 공업, 석탄·석유·전기 등의 에너지 산업, 도로·철도·항공·해운 등의 수송 산업 등이 여기에 해당된다.

***생산재**(生産財)와 **소비재**(消費財)
생산재는 원료, 재료 등 다른 물건으로 만들거나 가공·재판매하기 위해 쓰이는 재화이다. 중간재라고도 하며 그 반대의 개념은 소비재이다. 소비재는 소비자의 직접적인 욕망이나 필요를 충족시키기 위해 생산되는 재화이다.

***대충자금**(對充資金, counterpart fund)
미국의 원조는 현금으로 지급되지 않았다. 미국 정부는 원조 규모의 자금을 미 금융기관에 예치한 다음 한국 정부가 민간수입업자를 통해 미국 물자를 구매할 수 있게 하고 수입업자는 그에 상응한 화폐를 한국은행에 납입토록 했다. 이 자금이 원조 달러에 상응한 대충자금이다.

를 채워주었습니다. 나머지 40~50%는 도로·항만·수도·전기 등의 사회 간접 자본 건설에 투자되었습니다. 이렇게 원조와 대충자금은 1950년대 한국의 경제 부흥에 매우 중요한 역할을 했습니다.

한국 기업 성장의 밑거름이 된 귀속 재산

귀속 재산이란 일제가 패망할 때 일본과 일본인이 남기고 간 재산으로, 그해 12월 미 군정의 소유가 된 것을 말합니다. 귀속 재산은, 기업체 등의 설비, 주식, 토지, 주택, 임야 등 그 종목도 다양했지요. 미 군정 시기, 정치적으로 혼란한 가운데 많은 귀속 재산이 파괴되거나 부정한 방법으로 처분되었습니다. 그럼에도 불구하고 1948년 10월 미 군정이 한국 정부에 귀속 재산을 넘겨줄 때 그 가치는 3,053억 원에 달했습니다. 이는 당시 한국 정부의 예산 5년 치에 해당하는 큰돈이었습니다.

정부는 귀속 재산을 민간에 불하(拂下)하기로 했습니다. 정부가 그 많은 재산을 직접 관리하기도 어려웠고 정부의 적자(赤字)도 메워야 했기 때문이지요. 귀속 재산 불하는 1949년 말에 시작되어 1963년 5월에 끝났습니다. 그 결과 국유나 공유로 남은 대한석탄공사·대한조선공사 등 일부 대기업을 제외하고는 대부분의 귀속 기업체가 민간 업체가 되었습니다.

당시 귀속 재산을 불하받는다는 것은 커다란 특혜(特惠)를 뜻했습니다. 정부가 정한 귀속 재산의 가격이 실제 가치보다 훨씬 낮았기 때문입니다. 구매 대금도 최장 15년까지 나누어 갚아도 되었습니다. 당시의 물가 상승률은 대단히 높았기 때문에 이렇게 오랜 기간 나누어 갚는 것 자체가 커다란 혜택이었지요. 이로 인해 귀속 재산 불하는 **정경 유착***과 부정부패의 상징처럼 여겨졌습니다. 그래서 많은 비판을 받았습니다. 물론 불하의 과정에 문제점이 없었던 것은 아닙니다. 하지만 귀속 업체의 불하는 자본의 기초가 빈약했던 한국의 기업들이 성장할 수 있는 발판을 마련해주었습니다.

악조건을 딛고 만들어낸 고도 성장의 발판

전쟁을 치른 후라는 최악의 조건에서도 한국 경제는 경제 성장을 이룩했습니다. 연간 4.9%의 성장률을 보였는데 이는 당시 다른 후진국에 비해 뒤지지 않는 수준이었습니다. 성장을 주도한 것은 제조업, 건설업, 광업 등의 **2차 산업***이었습니다. 1954~1960년의 2차 산업은 막대한 규모의 원조와 재정의 투·융자에 힘입어 연평균 12.5%의 높은 성장을 이룰 수 있었습니다.

이때 민간 공업의 성장을 이끈 것은 소비재 공업이었습니다. 옷감을 만드는 면방직업, 수입한 원료로 밀가루와 설탕을 만들어내는 제분업·제당업이 그 대표적인 예입니다. 이들 소비재 공업은 제품이 모두 흰색이어서 삼백공업(三白工業)이라 불리기도 했습니다.

소비재 공업에 이어 1950년대 후반부터 비료, 유리, 시멘트, 철강, 제지, 전자 기계 등의 중간재(中間財) 및 생산재 공업이 건설되기 시작했습니다. 한국 정부는 이때 자립 경제를 위한 기간산업 건설에 힘을 기울였습니다. 이는 원조를 해주는 미국의 뜻을 거스르는 일이기도 했지요. 미국은 한국의 경제 자립보다는 경제 안정을 바라고 있었기 때문입니다.

*정경 유착(政經癒着)
정치권과 기업이 비정상적이고 불건전한 방법으로 서로 도와주는 것을 일컫는다. 그 예로, 기업이 정치인에게 불법적인 돈을 건네고 정치인은 그 보답으로 특정 기업에게 특혜가 되는 정책을 만들어주는 일 등을 들 수 있다.

*2차 산업
영국의 경제학자 클라크(Clark, C.G)가 나눈 산업 분류 가운데 하나. 1차 산업은 자연 환경을 이용하여 필요한 물품을 얻거나 생산하는 산업으로 농업, 임업, 축산업, 수산업, 광업 등을 말한다. 2차 산업은 1차 산업에서 얻은 생산물이나 천연 자원을 가공하여 생활에 필요한 물건이나 에너지 등을 생산하는 산업으로 제조업, 건설업 등이 여기 속한다. 또 3차 산업은 1·2차 산업에서 생산된 물품을 소비자에게 판매하거나 각종 서비스를 제공하는 산업으로 매매업, 운수업, 통신업, 무역·금융·보험·교육 등의 서비스업을 말한다.

이승만 정부가 건설한 소비재 공업과 생산재 공업은 1958년 이후 해외 시장으로 눈을 돌릴 수 있을 정도로 성장했습니다. 방직업계는 1957년부터 동남아시아를 시작으로 해외 시장을 개척하였고, 철강업에서는 1962년 최초로 베트남에 철판을 수출하게 되었습니다.

1963년 이후 한국 경제가 급속하게 성장한 것은 결코 갑작스러운 일이 아닙니다. 1950년대 이승만 정부가 애써 일으킨 공업화가 그 바탕이 되었기에 가능한 일이었습니다.

'교육 혁명'으로 풍부한 인적 자산 축적

1950년대에는 국민 교육에 획기적인 발전이 있었습니다. 이는 '혁명'이라 할 만한 정도였습니다. 정부는 청소년들에게 풍부한 교육의 기회를 제공하였습니다. 이에 호응하여 국민들은 놀라운 교육열을 보여주었습니다. 교육만이 삶의 질을 바꿀 수 있다는 생각이 널리 퍼지게 된 것이지요.

1949년 교육법이 제정되어 모든 국민은 그의 자녀가 만 6세가 되면 초등학교에 보낼 의무를 지게 되었습니다. 건국 헌법에 실린 "모든 국민은 평등하게 교육 받을 권리가 있다. 적어도 초등 교육은 의무적이며 무상으로 해야 한다"라는 정신을 실현한 것입니다. 이후 초등학교 취학률이 엄청나게 늘어났습니다. 일제강점기였던 1943년에 47%에 지나지 않던 취학률이 1960년에는 99.8%라는, 완전 취학 상태에 이르게 되었습니다.

초등 교육의 보급으로 글자를 못 읽는 국민의 수가 크게 줄었습니다. 1955년 35.1%에 이르던 **비문해율***이 1959년 10.3%까지 내려갔습니다. 하지만 정부는 이에 만족하지 않았지요. 1954~1959년 곳곳에 한글강습

*비문해율(非文解率)과 문맹(文盲)
비문해율은 한 나라의 성인 남녀 가운데 글을 읽을 수 없는 사람이 얼마나 되는지 나타내는 비율이다. 예전에 글 못 읽는 사람을 문맹이라 하였는데 '맹'자에 시각장애인에 대한 비하의 의미가 담겨 있다는 이유로 명칭을 바꾼 것이다. 한국에서의 문해와 비문해의 기준은 관공서 서식 작성 등 일상 생활에 필요한 일을 제대로 처리할 수 있는가에 따른다. 즉 자신의 주소, 이름, 주민등록번호를 제대로 적을 줄 모르는 사람을 비문해자로 보는 것이다. 국립국어원에 따르면 2008년 현재 한국 성인 남녀의 비문해율은 1.7%이다. 이는 우리나라 인구 1,000명당 17명이 글을 못 읽는다는 뜻이다. 1970년의 비문해율이 7%였던 것에 비하면 놀라운 발전이다.

▶ 완전 취학 상태

1949년 교육법이 제정된 후, 전쟁 중에도 임시 학교를 만들어 수업을 이어갈 정도로 교육열은 뜨겁게 달아올랐다.

소를 세워 '문맹 퇴치 운동'을 벌였습니다. 교육을 받은 국민이 늘어나면서 1960년대 이후 산업 현장에 적응할 수 있는 노동력을 많이 확보할 수 있게 되었습니다. 이 점도 고도의 경제 성장을 크게 뒷받침하였습니다.

정부는 1955년부터 교육 투자에 힘을 기울였습니다. 1959년까지 교육비로 쓰이는 정부 예산은 국방비 다음으로 많았지요. 정부는 교육을 통해 인적 자본을 양성하는 데 그만큼 큰 열의를 보였습니다. 그 결과 초등학교뿐만 아니라 중고등학교와 전문학교, 대학교의 수와 학생 수도 크게 늘었습니다.

인적 자본은 학교 외의 여러 분야에서 축적되었습니다. 6 · 25전쟁 이후 재건을 위해 힘쓰는 과정에서 정부 부처를 중심으로 능력을 갖춘 엘리트 집단이 성장할 수 있었습니다. 또 군부에서도 수많은 인재가 배출되었습니다. 전쟁이 끝난 후 철수한 미군의 빈자리를 채우기 위해 국군은 67만 명의 거대한 규모로 팽창했습니다. 그와 함께 육군 · 해군 · 공군의 사관학교, 공병학교, 통신학교, 국방연구원 등이 설립되어 우수한 엘리트를 키워냈습니다.

많은 문제점과 한계를 안고 있었던 1950년대

1955년 한국의 1인당 국민 소득은 65달러에 지나지 않았습니다. 이는 그해 일본, 인도네시아, 필리핀, 태국, 대만, 홍콩, 말레이시아, 싱가포르, 스리랑카보다 낮은 수준이었습니다. 1950년대에 걸쳐 농촌 인구는 전체 인구의 60%를 차지했습니다. 그럼에도 농업이 **국민총생산***에서 차지하는 비중은 35%에 지나지 않았지요. 농촌 인구는 남아도는데 그 노동력을 흡수할 수 있는 산업과 시장은 나라 안팎 어디에도 없었습니다. 그 점이 당시 한국 경제가 발전하지 못하게 발목을 잡았지요. 그 같은 문제는 1960년대에 들어와 커다란 수출 시장이 열리면서 비로소 해소될 수 있었습니다.

1950년대의 한국 경제가 해외 시장을 개척하기 위해서는 먼저 해결해야 할 일이 있었습니다. 그것은 바로 일본과 국교를 정상화하는 것이었지요. 일본 시장을 이용해야 함은 물론 일본의 자본과 기술도 들여와야 했기 때문입니다. 하지만 한국을 강제로 점령했던 일본과 국교 정상화를 하는 것이 쉬운 일은 아니었습니다.

미국은 일본과 국교를 정상화하라고 한국에 강력하게 권했습니다. 그 권고를 받아들여 1951년 10월 일본과 회담을 시작했습니다. 회담이 시작된 지 얼마 지나지 않은 1952년 1월 이승만 대통령은 '인접 해양의 주권에 관한 대통령 선언'을 발표했습니다. 한국의 주권이 미치는 해역(이승만 라인)을 설정한 것입니다. 그해 8월부터는 이승만 라인 안에 들어온 일본 어선을 잡아들이기 시작했습니다. 이승만 라인을 인정하지 않았던 일본 정부는 강력하게 항의하고 나섰습니다.

그 외에도 국교 정상화로 가는 길에는 많은 장애물이 놓여 있었습니다. 가장 큰 어려움은 이른바 청구권 문제였습니다. 한국 정부는 일본 정부에 대해 피해 보상을 청구했습니다. 식민지 지배에 따른 피해를 보상받을 권리가 있다고 주장한 것이지요. 그런데 일본 정부는 이를 인정하지 않았습니다. 이렇게 두 나라가 서로 다른 입장을 내세웠기 때문에 회담은 앞으로 나아가지 못했습니다.

그 무렵 미국의 세계 정책이 바뀌기 시작했습니다. 1950년대 전반까지 미국은 전 세계에 엄청난 규모의 원조를 제공했습니다. 공산 진영으로부터 자유 진영을 지키기 위해서였습니다. 그런 지원에 힘입어 일본과 서유럽의 주요 국가가 피해를 복구하고 선진국 대열에 서게 되었습니다. 이후 미국은 이들 선진 공업국과 자유 무역을 하기 시작했지요. 그러면서 후진국에 대한 미국의 정책도 바뀌었습니다. 후진국이 자기 책임과 계획으로 경제 개발을 추진해야 하며, 그를 위해서는 무상 원조보다 유상 차관*을 제공하는 것이 더 낫다고 생각한 것입니다.

한국에 대한 미국의 원조도 줄었습니다. 주요 투자 자금을 원조에 의존하던 한국 경제는 큰 타격을 입게 되었습니다. 한국 정부는 이 새로운 상황을 헤쳐 나가기 위해 장기 경제 개발 계획을 세웠습니다. 그 결과 1959년 12월 경제 개발 3개년 계획이 발표되었습니다. 이는 차관을 들여오는 것을 전제로 한 계획이었지요. 하지만 이 계획은 곧 죽은 문서가 되고 말았습니다. 이승만 정부가 4·19혁명으로 무너졌기 때문입니다.

*차관(借款)
정부나 기업이 다른 나라의 정부나 공적 기관으로부터 돈을 빌려오는 것.

인천상륙작전 기념관

6·25 전쟁 당시 함락 위기에 놓였던 대한민국을 구하기 위해 유엔군이 인천에 상륙한 것을 기념하여 만든 장소이다. 상륙의 모습을 조각으로 담은 자유 수호의 탑과 실내 전시관, 야외 전시관이 있다. 실내 전시관에서는 인천상륙작전의 계획부터 진행까지의 과정을 관련 자료와 유물들을 통해 볼 수 있다. 야외 전시장에는 수륙 양용 장갑차, 정찰기 등 당시 사용되었던 무기와 대형 장비들이 전시되어 있다.

주소 인천광역시 연수구 청량로 138 / www.landing915.com
관람 시간 09:00~18:00(17:30 입장 마감)
휴관일 매주 월요일(공휴일인 경우 개관), 1월 1일

전쟁기념관

전쟁기념관에는, 조상들이 나라를 위해 목숨 바쳐 싸워온 여러 기록과 유물 등이 전시되어 있다. 1층에는 전쟁 역사실, 2층에는 호국 추모실이 있고 2층과 3층에는 6·25 전쟁실이 있다. 또 3층에는 해외 파병실과 국군 발전실이 있어 전쟁과 군사에 대한 여러 가지 정보를 얻을 수 있다. 인천상륙작전을 실감나게 느껴볼 수 있는 4D 체험이나 유엔 참전국에 대해 알아보는 유엔 참전 체험 코너도 마련되어 있다. 또 F—15K 전투기 3D 체험관이나 합동 상륙 작전 체험관 등에서 전쟁의 역사를 생생하게 배울 수 있다. 전시관 벽면에는 건국 이후 6·25전쟁 및 베트남 전쟁 등에서 전사한 국군, 경찰관, 유엔군 전사자들의 이름이 새겨져 있어 보는 사람을 숙연하게 한다. 또 옥외 전시장에는 6·25전쟁 당시 사용했던 대형 장비와 세계 각국의 항공기, 장갑차 등이 전시되어 있는데 장비 내부에 들어가 체험할 수도 있다.

주소 서울특별시 용산구 이태원로 29 / www.warmemo.or.kr
관람 시간 09:00~18:00
휴관일 매주 월요일(월요일이 포함된 연휴 때는 마지막 연휴 다음날 휴관)

제3장

4·19와 5·16, 그 빛과 그림자

1.
4 · 19
민주 혁명

한국인이 정치적 주권자가 된 것은 1948년 대한민국이 세워진 이후부터였습니다. 그런데 그 국민이 정부를 타도하여 정권을 쓰러뜨린 사건이 벌어졌습니다. 그것이 4 · 19인데, 이는 이전의 한국 역사에서 그 예를 찾아볼 수 없는 엄청난 사건이었습니다. 4 · 19에 의해 이승만은 대통령 자리에서 물러났습니다. 또 그가 지켜온 대통령 중심제도 부정되었습니다. 이승만 대통령을 강력하게 뒷받침했던 자유당도 해체되었습니다. 4 · 19로 인해 많은 것이 무너지고 바뀌었지만 1948년에 제정된 건국 헌법은 부정되지 않았습니다. 4 · 19는 대한민국의 존립을 인정하면서 민주주의의 기본 가치와 원리가 어떤 것인지 국민의 머릿속에 확실하게 새겨 넣은 민주 혁명이었습니다. 이후 한국인들에게 4 · 19는, 국가의 주권은 국민에게 있다는 민주주의의 기본 원리를 상징하는 역사적 사건으로 여겨졌습니다.

벼랑 끝에서 선택한 자유당의 부정 선거

1960년 3월 제4대 대통령 선거에서도 이승만이 무난하게 당선될 것 같았습니다. 경쟁자인 민주당의 대통령 후보 조병옥*이 선거를 한 달 앞두고 병 치료 중 세상을 떠났기 때문입니다. 문제는 부통령 선거였습니다. 자유당 후보 이기붕은 대중에게 지지를 받지 못한 사람이었습니다. 그는 1956년 선거에서도 장면에게 패배했지요. 그럼에도 불구하고 이기붕은 국회의장과 자유당의 부총재로 이승만 정부의 핵심 자리에 앉아 있었습니다. 그는 이미 85세가 된 이승만 대통령이 사망하면 그 자리를 이어받을 유일한 후계자였습니다.

당시 이승만 대통령의 권위주의 체제는 이기붕을 중심으로 운영되고 있었습니다. 나이 많은 대통령은 일주일에 한두 번 국무회의를 열었을 뿐 나랏일에서 물러나 있었습니다. 내각은 이기붕의 지휘 아래 움직이고 있었지요. 어떤 일이든 대통령에게 보고하고 허락받는 일이 모두 이기붕을 통해서 이루어졌습니다. 내무장관을 중심으로 한 내각이 지방 조직을 통제할 수 있었고 이를 통해 공무원, 경찰, 유권자를 선거에 동원할 수 있었습니다. 또 국회도 이들의 통제 아래 있었습니다. 이기붕이 국회의장이고 자유당이 가장 많은 의석을 차지하고 있었으니까요. 자유당 부총재였던 그는 자유당의 지방 조직도 손에 쥐고 있었습니다.

제4대 부통령 선거에서 이기붕 세력은 위와 같은 정부당 체제를 동원하여 부정 선거를 하려 했습니다. 그들은 일요일에도 학생들을 학교에 나오게 했습니다. 학생들이 야당의 선거 유세에 참여하지 못하도록 하기 위해서였지요. 2월 28일 대구의 경북고등학교를 시작으로 학생들의 항

▶ 조병옥(趙炳玉, 1984~1960)
충남 천안 출신. 호는 유석(維石). 일제 때 미국에 유학, 독립운동에 참여했다. 해방 후 미 군정기에는 한민당 창당에 관여했고 미 군정 경찰 총수를 지냈다. 대한민국 건국 후 유엔 대표단, 내무부 장관 등을 거친 뒤 이승만과 결별했다. 1960년 제4대 대통령 후보자로 출마했으나 유세 중 발병하여 미국 워싱턴 D.C 월터리드 병원에 입원했다가 갑자기 세상을 떠났다.

의 시위가 벌어졌습니다. 이 시위는 부정 선거를 규탄하는 전국적인 시위로 번져나갔습니다.

3월 15일 선거 당일에는 노골적으로 부정 선거가 이루어졌습니다. 농촌 주민은 세 사람씩 묶어 3인조 공개 투표를 하게 했습니다. 군대에서는 유권자의 120%가 이승만 후보에게 투표하는 말도 안 되는 일이 벌어졌습니다. 각 후보가 몇 표나 얻었는지에 대한 통계는 다 조작된 것이었지요.

"이승만 후보는 80%, 이기붕 후보는 70%를 넘지 않도록 득표율을 조절하라."

이는 경찰이 전국의 개표소에 내린 지령이었습니다. 너무 많은 표를 얻으면 국민의 의심을 살 테니까요. 하지만 이승만 89%, 이기붕 79%를 얻는 것으로 집계되었습니다. 누구도 받아들일 수 없는 투표 결과가 발표되자 국민의 분노가 기어이 폭발하였습니다.

이승만 대통령이 물러나다

3월 15일 마산에서 부정 선거에 대한 항의 시위가 벌어졌습니다. 시위 도중 김주열(金朱烈)이라는 고등학생이 사망하였습니다. 경찰이 쏜 최루탄에 맞은 것입니다. 그런데 경찰은 그 시신을 바다에 버렸지요. 4월 11일 김주열의 시신이 발견되었습니다. 이를 계기로 부정 선거에 항의하는 시위가 전국으로 퍼져나갔습니다. 4월 18일 서울에서는 고려대학교 학생 1,000여 명이 국회의사당 앞에 모였습니다. 그곳에서 대통령·부통령 선거를 다시 실시할 것을 요구하며 데모를 벌였습니다.

▶ 부정 선거 항의 시위
1960년 3월 15일 마산에서 학생들을 중심으로 부정 선거에 대한 항의 시위가 대대적으로 일어났다. 이때 경찰의 과잉 진압이 4·19가 일어난 직접적인 계기가 되었다.

이에 자극을 받아 19일에 대학생은 물론 중·고등학생까지 모두 들고 일어났습니다. 그날 오후에는 국회의사당 앞에 모였던 시위대 2,000여 명이 대통령 관저인 경무대로 향했습니다. 시위대가 경무대 앞에 이르자 경찰이 시위대를 향해 총을 쏘았습니다. 거기서 21명이 사망하고 172명이 부상하는 참혹한 일이 벌어졌습니다.

그러자 흥분한 시민들이 시위대에 합세했지요. 20만 명이 넘는 시위대는 관공서 등 주요 건물을 공격하였습니다. 정부는 그날 서울을 비롯

▶ 고대생 데모
국회의사당 앞에서 밤새워 시위를 벌이고 있는 고려대 학생들.

한 주요 도시에 계엄령을 선포하였습니다. 계엄사령부는 19일 하루 동안 민간인 111명과 경찰 4명이 사망했고, 민간인 558명과 경찰 169명이 부상당했다고 발표했습니다.

계엄령으로 서울에서의 시위는 중단되었지만, 대구, 인천, 전주 등에서는 학생 데모가 계속되었습니다. 25일 민주당은 이승만 대통령의 하야* 권고안을 국회에 제출하였습니다. 27개 대학 교수 285명도 3 · 15 부

정 선거와 4·19사태의 책임을 지고 대통령이 물러날 것을 요구하며 시위를 벌였습니다. 26일 다시 시위 군중이 서울 거리를 메웠습니다. 궁지에 몰린 이승만 대통령은 성명을 발표했습니다.

"국민이 원한다면 대통령직에서 물러나겠습니다."

대통령직 사임서를 국회에 제출한 이승만은 27일 경무대를 떠나 자신의 개인 집이었던 이화장으로 돌아왔습니다. 그 후 5월 29일 이승만은 독립운동의 근거지였던 미국 하와이로 떠났습니다. 그는 한국에 다시 돌아오지 못하고 1965년 하와이에서 쓸쓸하게 숨을 거두었습니다.

이승만을 중심으로 이루어졌던 권위주의 체제와 정부당 체제는 그의 하야와 함께 급속하게 해체되었습니다. 이기붕과 그의 가족은 경무대의 한구석에서 동반 자살하였습니다. 부정 선거를 주도했던 내무장관 최인규(崔仁圭)는 체포된 후 사형에 처해졌습니다. 정부는 외무장관 허정(許政)을 수반으로 하는 과도 정부로 바뀌었습니다.

민주 혁명으로서의 4·19의 의의

4·19는 주도 세력인 학생들에 의해 혁명으로 불리기 시작했습니다. 지식인들도 그에 동조했지요. 어느 학자는 4·19를 절대 왕정*을 무너뜨린 프랑스 혁명*에 비유하기도 했습니다. 하지만 4·19가 프랑스 혁명이나 러시아 혁명*처럼 기존의 국가 체제를 부수고 새로운 국가 체제를 건설한 정치적 변화를 가져온 것은 아닙니다. 4·19는 대한민국의 국가 체제를 해체하지 않았습니다. 6월에 헌법 개정이 이루어졌지만 1948년에 제정된 건국 헌법의 기초 이념은 그대로 유지되었지요.

*절대 왕정
왕이 절대적 권한을 가지는 정치 체제로, 절대주의 국가라고도 한다. 절대 왕정은 중세 말기에서 근대로 넘어오는 시기에 과도적으로 나타난 체제이다. 절대 왕정 때의 왕은 국가의 수장으로서 자신의 절대 권력을 주장하여 다른 어떤 기관에 의해서도 구속을 받지 않았다.

*프랑스 혁명
1789년 혁명 이전까지 프랑스 국민은 성직자, 귀족, 평민의 세 계급으로 나뉘어 있었다. 그런데 귀족들의 횡포와 수탈이 심해서 평민은 가난과 고통에서 헤어나지 못했다. 또 국왕인 루이 16세는 백성을 보호하기는커녕 세금을 많이 걷어 미국 독립 전쟁에 참전하는 데 허비했다. 더 이상 참을 수 없었던 평민들은 무기를 들고 정치범들을 가두었던 바스티유 감옥을 습격했다. 프랑스 혁명이 시작된 것이다. 그 후 루이 16세와 왕비 마리 앙투아네트, 귀족들은 죽임을 당했고 교육을 많이 받고 부유한 평민층인 부르주아에 의한 공화정이 성립되었다.

*러시아 혁명
1905년과 1917년에 러시아에서 일어난 혁명. 혁명의 시작은 '피의 일요일'로부터 비롯되었다. '피의 일요일'은, 의회의 설립과 보통 선거 실시를 요청하러 겨울 궁전 광장에 모여 있던 평화로운 시위 군중들에게 황제의 군대가 총을 쏜 사건이다. 이로부터 러시아 전국은 파업과 대규모 시위로 혼란에 휩싸였다. 황제 니콜라이 2세는 시위와 혼란을 잠재우기 위해 여러 가지 약속을 했지만 한번 타오르기 시작한 혁명의 불길은 잦아들지 않았다. 결국 1917년에 일어난 혁명으로 황제는 물러났고 레닌이 이끄는 사회민주주의 세력인 볼셰비키가 권력을 장악했다.

*존 로크

영국의 초기 계몽주의 철학자. 로크는 자연 법칙이 존재하는 한 인간은 자유를 누릴 수 있었다고 주장했다. 로크에 의하면 국가와 개인이 계약 관계를 이루는 사회계약설에 의해 국가가 성립되었지만 국가는 절대 권력을 행사하는 기관이 아니다. 국가는 그 기능을 제대로 수행하지 못했을 경우 국민에 의해 파기될 수 있다는 것이 로크의 주장이다. 로크의 자유주의는 프랑스 혁명과 미국 독립 운동의 밑거름이 되었다.

*토머스 제퍼슨

미국 독립 선언서의 기초자이며 제3대 미국 대통령이다. 그는 각 주에 독립적인 권한을 주는 연방 정부를 지향하였다. 또 제퍼슨은 인권을 중시하여 '사람 밑에 사람 없고 사람 위에 사람 없다', '모든 사람은 신 앞에 평등하다'라고 강조하였다.

4·19는 한국 역사에서 일반 대중이 들고일어나 정권을 쓰러뜨린 최초의 사건입니다. 4·19로 인하여 대한민국 국민은 민주주의의 기본 가치와 원리를 정치의식에 혁명적으로 새겨 넣게 되었지요. 이렇게 한국의 민주주의를 획기적으로 발전시켰다는 점에서 4·19를 민주 혁명이라 할 수 있습니다. 단지 '혁명'이라는 말을 사용할 때 유의해야 할 점이 있습니다. 그것은, 4·19가 기존의 국가 체제를 부수고 새로운 체제를 세우는 수준의 혁명은 아니었다는 점입니다.

이승만의 생애, 그의 꿈과 투쟁

이승만은 1875년 전주 이씨 가문에서 태어났습니다. 그는 19세까지 과거 시험을 보기 위해 유교 경전을 공부했습니다. 1894년 갑오개혁으로 과거시험이 없어지자 그는 배재학당에 입학했습니다. 그곳에서 영어를 비롯한 신학문을 배웠지요. 또 거기서 그는 서구의 자유 민권 사상을 알게 되었습니다. 배재학당을 졸업한 뒤 자신이 참가했던 독립협회가 강제로 해산되자 고종 황제의 폐위 음모에 가담했습니다. 그 이유로 무기 징역을 선고받고 5년 7개월 동안 옥살이를 했습니다.

감옥에서 그는 미국인 선교사들의 도움을 받아서 서구의 역사, 외교, 법률, 문학을 두루 공부하였습니다. 그는 국가의 기본 역할은 생명, 자유, 재산의 보전에 있다는 **로크와 제퍼슨***의 정치 철학을 신봉(信奉)했습니다. 하지만 서양의 사상에만 빠져든 것은 아닙니다. 이승만은 **유교의 도덕 정치***도 높이 평가하여 그것을 서구의 자유 민권 사상과 결합하고자 했습니다.

1904년 8월 감옥에서 나온 이승만은 정계의 실력자인 민영환(閔泳煥)과 한규설(韓圭卨)의 도움으로 미국으로 갔습니다. 그는 거기서 대학에 다녔습니다. 워싱턴 대학교 학부를 거쳐 하버드 대학교와 프린스턴 대학교에서 국제정치학을 전공하였지요. 1910년 6월 프린스턴 대학교에서 박사 학위를 받은 그는 잠시 귀국했습니다. 그런데 1911년 총독부가 한국의 지도자 105명을 체포하는 사건(105인 사건)이 일어났습니다. 총독을 암살하려 한다며 사건을 조작한 것입니다. 위협을 느낀 이승만은 1912년 3월 선교사들의 주선으로 다시 미국으로 떠났습니다. 이후 33년 동안 미국에 머물며 독립운동을 이끌었습니다.

이승만은 미국 하와이의 교포 사회를 중심으로 독립운동을 펼쳤습니다.

"조선의 망국은 그 자체로 국제적 사건의 하나이다. 조선의 망국에 동조한 열강(列强)의 협조 체제가 유지되는 한 한국의 독립은 불가능한 일이다. 이런 국제 정치의 현실에서 한국이 독립할 수 있는 방법은 강대국들을 설득하여 한국 독립의 약속을 얻어내는 길밖에 없다."

이렇게 생각한 그는 외교를 중요하게 여겼습니다. 또 그는 철저하게 자유민주주의를 믿고 따랐지요. 그래서 절대로 공산주의와 타협하려 하지 않았습니다. 이런 그의 독립운동 노선은 다른 독립운동가들과 갈등을 빚기도 했습니다. 하지만 이승만은 자신의 노선을 바꾸거나 타협하지 않았습니다.

1919년 9월 중국 상하이에 만들어진 통합 임시 정부는 이승만을 임시 대통령으로 추대했습니다. 1920년 12월 이승만은 임시 대통령 직무를 시작했지만 5개월 만에 그만두어야 했지요. 임시 정부 내의 공산주의 세력과 민족주의 세력이 이승만의 외교 독립 노선을 격렬하게 비판했기 때

*유교의 도덕 정치
국민은 나라의 근본이요, 정치는 민생 문제를 근본적으로 해결하는 최선의 길이라 생각하는 사상이다. 식량이나 국방, 교육 등에 대한 정책을 가장 우선적으로 추진하고 모든 국민이 오복(五福)을 누리는 문명 사회를 만드는 것이 유교의 정치 이상이다. 그러기 위해서는 가장 어진 사람을 나라의 지도자로 추대하고, 능력 있는 사람을 관료로 등용하여 도덕으로 다스려야 한다는 것이다.

문입니다. 임시 정부는 분열하였고 이승만은 다시 미국으로 갔습니다. 이후 그는 하와이에서 교육 사업에 몰두하였습니다.

1931년 이승만이 다시 독립운동에 나서게 된 계기가 생겼습니다. 일본이 만주를 강제로 점령하고 만주국이라는 꼭두각시 나라를 세우는 등 국제 정세에 변화가 생겼던 것입니다. 1933년 제네바의 국제연맹 본부에서 일본의 만주 침략을 비난하는 국제회의가 열렸습니다. 거기에 이승만이 임시 정부의 **전권 대사*** 자격으로 참석하게 되었지요. 그는 이 회의에서 한국 독립의 필요성을 호소했지만 별다른 반응을 얻지 못했습니다.

1941년 6월 이승만은 〈일본 내막기〉라는 책을 펴냈습니다. 이 책에는 일본이 미국을 공격할 것이라는 내용이 담겨 있었지요. 그런데 그해 12월 기어이 미국과 일본과의 전쟁이 터졌습니다. 실제 전쟁이 일어나자 그의 책은 미국에서 베스트셀러가 되었습니다. 이승만은 이때 미국의 정계, 군부, 언론계에서 적지 않은 지지자를 얻었습니다.

이승만은 미 국무부에 소련의 위험성에 대해 끊임없이 경고했습니다.

*전권 대사(全權大使)
한 나라를 대표하여 다른 나라에서 외교 활동을 하며 자국민을 보호 감독하는 임무를 지닌 제1급의 외교 사절.

▶ 〈일본 내막기〉
일본이 미국을 공격할 것이라고 강조한 이승만의 책. 이 책이 뉴욕에서 출간된 것은 1941년 여름이었다. 이 책은 일본이 미국을 공격하기 전까지는 별다른 관심을 끌지 못했고 관심을 가졌던 사람들에게서는 혹평을 받았다. 하지만 태평양 전쟁이 터지자, 미국에서는 이 책과 이승만의 앞을 내다볼 줄 아는 능력이 큰 화제가 되었다.

"소련이 한반도를 점령할 위험이 있고 이를 막기 위해서는 중국에 있는 임시 정부를 승인해야 합니다."

그런데 미 국무부는 이승만의 이런 경고와 요청을 무시했습니다. 미국에 있던 독립운동 단체들도 미 국무부의 입장을 따랐습니다. 그래서 그들은 공산주의와 타협해야 하는 좌우 합작의 노선을 취했지요. 하지만 이승만의 반공주의는 절대 흔들리지 않았습니다.

일본이 전쟁에 지고 한국이 해방된 후, 국내에서 공산주의 세력은 가장 잘 조직된 정치 세력으로 성장하였습니다. 또 이승만이 우려한 대로 소련은 북한을 점령하여 공산주의 체제를 건설하기 시작했습니다. 남한에 들어온 미국마저 소련과 협조하여 좌우 합작의 임시 정부를 세우고 5년간 신탁 통치하려는 방침을 세웠지요.

이승만은 이 같은 나라 안팎의 어려움을 개인적 명성과 정치적 신념으로 극복해나갔습니다. 그는 김구와 더불어 공산주의에 반대하는 정치 세력을 모았습니다. 그들과 함께 신탁 통치와 좌우 합작에 반대하는 진지를 확고하게 쌓았습니다.

"남한에만이라도 자유민주주의 국가를 세운 다음, 장차 북한을 공산주의 체제로부터 해방시켜야 한다."

이런 생각에서 그는 반공주의로 완강하게 공산주의를 막았고, 탁월한 지도력으로 자유민주주의 세력을 이끌었습니다. 만일 이승만이 그렇게 하지 못했다면 미국과 소련은 쉽게 좌우 합작을 하여 임시 정부를 만들었을 것입니다. 그 길은 당시 동유럽 여러 나라가 걸었던 길이지요. 만일 한국이 그 길을 택했다면 한반도 전체는 조만간 공산주의 국가가 되었을 것입니다.

이승만 노선은 1947년 9월 미국이 소련과의 대화를 포기하고 한국 문제를 유엔에 넘김으로써 승리를 거둘 수 있었습니다. 그는 대한민국이 인간의 자유를 근원적 가치로 받드는 자유민주주의 국가로 발전하기를 원했습니다. 하지만 나라 만들기의 초기 단계에서는 자신이 계몽적 역할을 해야 한다고 생각했습니다.

정부 수립 초기부터 이승만은 비판 세력과 심하게 대립하였습니다. 비판 세력은 국회를 손에 넣고 있었습니다. 이승만과 그들의 갈등은 정부 형태에 대한 문제로부터 시작되었습니다. 이승만은 대통령 중심제를 선택했습니다. 그는 국민이 직접 대통령을 뽑는 것이 한국 민주주의 발전에 도움이 될 것이라고 생각하였습니다. 반면 국회 세력은 국회에 의한 정부 구성, 곧 내각책임제가 한국의 현실에 알맞다는 입장을 취했습니다. 당시 국민의 수준으로는 대통령을 직접 뽑는 것이 무리라고 여긴 것이지요.

정부 형태를 둘러싼 갈등 때문에 대한민국은 어느 쪽도 아닌 어중간한 형태의 정부로 태어났습니다. 1952년 이승만은 헌법을 개정하여 대통령 직선제를 이뤄냈습니다. 이는 군부와 정치 단체를 동원하여 국회를 억압했기에 가능한 일이었지요. 하지만 이후 실시된 선거에서 이승만은 국민의 압도적인 지지를 얻어 대통령에 당선되었습니다. 비판 세력이 이승만에 맞설 만한 인물을 내놓지 못했기 때문입니다.

이승만 대통령은 6·25전쟁을, 북진 통일을 위한 좋은 기회로 받아들였습니다. 당시 미국은 전쟁 전의 상태로 돌아가기만 하면 된다고 생각했습니다. 그래서 미국과 이승만 대통령은 심하게 충돌하였습니다. 하지만 이승만 대통령은 물러서지 않고 북진 통일 정책을 주장했습니다. 그 결과 1953년 한미상호방위조약을 이끌어낼 수 있었습니다.

또 이승만 대통령은 독립 국가에 어울리는 자립 경제를 추구했습니다. 원조의 크기와 사용 방법 등을 둘러싸고 미국 정부와 끊임없이 갈등했던 것도 자립 경제의 기반을 마련하기 위해서였습니다. 그가 기반 시설 건설과 국민 교육 확충에 많은 힘을 쏟은 덕분에 이후 한국 경제는 고도 성장을 이룰 수 있게 되었습니다.

이승만이 대통령의 자리에 오래 앉아 있는 동안 정부 수립 초기에 그에게 협조했던 정치인들은 거의 모두 비판자로 돌아섰습니다. 이승만 대통령의 강한 권위주의 정치 때문이었지요. 1954년 이후 그는 자신만이 국민을 이끌어갈 수 있다고 믿게 되었습니다. 그런 지나친 확신 때문에 이승만 대통령은 종신(終身)토록 대통령을 하려는 잘못을 저질렀습니다. 결국, 1960년 3월 그의 정부는 엄청난 부정 선거를 저질렀지요. 그에 대한 국민적 저항으로 4 · 19 민주 혁명이 일어났고 이로써 이승만의 정치 일생이 막을 내리게 되었습니다.

물론 이승만의 퇴진은 명예스럽지 못했습니다. 하지만 그는 거대한 역사 유산을 남겼습니다. 그의 완강한 반공주의는 뒤를 이은 정부들에서도 흔들리지 않고 계승되었습니다. 한국이 자유민주주의 정치 제도를 정착시키고 시장 경제 체제에 의한 경제적 번영을 추구할 수 있었던 것은 모두 반공주의에 기초한 국가 정체성이 토대가 되었던 덕분입니다. 또 이승만이 무리하게 추구한 대통령 직선제와 대통령 중심제의 정부 형태는 지금까지도 유지되고 있습니다. 4 · 19 이후 민주당 정부가 실시한 내각책임제는 실패로 끝났고 박정희 정부에 의해 대통령 중심제가 복구되었기 때문입니다. 더욱이 대통령 직선제는 오늘날에도 민주 정치의 소중한 제도로 여겨지고 있습니다.

2.
정쟁의
소용돌이에
휘말렸던
민주당 정부

4·19혁명 이후 한국 사회는 민주주의의 깃발 아래 끝도 없는 시위에 시달렸습니다. 서울에서는 날마다 7~8건의 데모가 일어날 정도였지요. 노동 운동이 활발해져서 노동 쟁의도 끊이지 않았습니다. 국회는 자유당이 만든 국가보안법의 내용을 고쳐 언론의 조건 없는 자유를 보장했습니다. 그 결과 수많은 언론 매체가 새로 만들어졌고 그들은 앞다투어 정부를 비판했지요. 민주당 정부는 이들을 통제할 힘을 잃었고 그러는 동안 사회는 점점 더 혼란 속으로 빠져들었습니다. 그때를 틈타서 좌익 세력이 다시 고개를 들었습니다. 국가 체제에 대한 근본적인 도전을 받게 되자 국민은 깊은 위기감에 빠지게 되었습니다.

실패로 끝난 민주당 정부의 내각책임제

1960년 6월 국회는 헌법을 개정하여 정부 형태를 내각책임제로 바꿨습니다. 또 국회를 민의원과 참의원*의 양원제*로 구성하였습니다. 대통령을 뽑는 방법도 바뀌었습니다. 새 헌법에서는 양원 합동회의에서 대통령을 뽑도록 하였지요. 여전히 국민의 손으로 직접 대통령을 뽑는 상황은 아니었습니다. 대통령의 권한도 축소되었습니다. 대통령은 국가 원수로서 국가를 상징하는 지위가 되었지요. 행정의 실권은 국무총리와 국무위원으로 구성된 국무원이라는 기관에 주어졌습니다. 국무총리는 대통령이 지명(指名)하고 민의원의 동의로 선출되었습니다. 하지만 행정에 대한 거의 모든 권한은 국무총리가 가지게 되었습니다.

　새 헌법에 따라 7월에 민의원 선거가 치러졌습니다. 민주당이 압도적으로 승리했지요. 그런데 민주당 내부에서도 하나의 목소리를 내는 것은 아니었습니다. 민주당 안에서는 오래전부터 구파와 신파가 맞서고 있었습니다. 그들은 각자 민주당 안에서의 주도권을 잡으려 애썼지요.

　양원 합동회의에서 선출된 윤보선*(尹潽善) 대통령은 구파였습니다. 윤보선 대통령은 자기 파의 김도연(金度演)을 국무총리로 지명했지만 국회의 동의를 얻지 못했습니다. 대통령은 어쩔 수 없이 신파의 장면을 국무총리로 임명했지요. 장면은 신파 사람들을 국무위원에 앉혔습니다. 당연히 구파가 반발했지요. 구파는 끝내 신민당이라는 새로운 정당을 만들어 민주당에서 떨어져 나갔습니다. 이렇게 최초의 내각책임제 정부는 여당 안에서의 치열한 권력 투쟁 가운데 시작되었습니다.

　장면 정부는 새 정부를 구성한 후 10개월이라는 짧은 기간에 국무위원

*양원제, 민의원과 참의원
입법부를 상원과 하원 등 두개의 의회로 운영하는 제도가 양원제이다. 제2공화국 때 단원제 국회를 없애고 참의원(상원)과 민의원(하원)을 두어 양원제를 실시했으나 5·16 군사 정변에 의해 폐지되고 다시 단원제로 복귀, 오늘에 이르고 있다.

▶ 윤보선(尹潽善, 1897~1990)
호는 해위(海葦). 이승만의 비서, 서울시장, 상공부 장관, 대한적십자사 총재를 거쳐 제2공화국에서 대통령으로 선출되었다. 5·16 군사 정변 때 대통령 사퇴 성명을 냈다가 나중에 입장을 바꿨다. 제5대, 제6대 대통령 선거에서 박정희에게 연이어 패배했다. 이후 한일회담 반대, 민주회복국민운동에 참여하는 등 이른바 선명 야당을 이끌었다.

들을 세 차례나 바꿨습니다. 그만큼 정부가 안정되지 못했던 것이지요.
장면 정부는 대통령과의 갈등 때문에 쉽게 안정을 찾지 못했습니다. 윤
보선 대통령도 상징적인 지위에 만족하지 않았습니다. 헌법에는 대통령
이 정당에 속할 수 없다고 정해져 있었습니다. 하지만 윤보선 대통령은
민주당 구파와 신민당 편에 서서 일했습니다. 대통령 외에도 정파 사이의
지칠 줄 모르는 다툼은 장면 정부를 끊임없이 괴롭혔습니다.

장면 정부는 경제 개발을 가장 시급한 과제로 내세웠습니다. 경제 개
발 계획을 세웠고, 실업자 구제와 사회 기반 시설 확충을 위한 국토 개발
사업도 시작했습니다. 또 1951년 이래 오랜 숙제였던 일본과의 국교 정
상화도 곧 이룰 계획이었습니다. 하지만 장면 정부는 극심한 정치적 다툼
때문에 그런 일들을 이뤄낼 에너지를 낭비하고 말았습니다.

이승만의 권위주의 체제가 물러가자 그 자리에 민주당을 중심으로 한
붕당 정치가 자리 잡았습니다. 이런 상황을 우려하여 이승만이 끝까지
내각책임제를 거부했던 것이지요. 5·16 군사 정변으로 대통령 중심제

가 복구된 이후 한국 국민은 더 이상 내각책임제에 미련을 갖지 않았습니다. 결국, 대한민국의 정부 형태를 대통령 중심제로 확정 짓게 된 것입니다. 그런 점에서 본다면 내각책임제는 실패했지만 민주당 정부의 실험은 값진 교훈을 남긴 셈입니다.

"데모로 해가 뜨고 데모로 해가 진다"

4 · 19 이후 한국 국민은, 그동안 자유당의 통제로 미처 표현하지 못했던 자신들의 속마음을 봇물 터뜨리듯 표출하기 시작했습니다. 이는 끝없는 시위와 데모로 이어졌지요. 민주당 정부의 10개월 동안 길거리에서 벌어진 데모는 2,000여 건이었고 100만 명이 이에 참가했습니다. "데모로 해가 뜨고 데모로 해가 진다"라는 말이 나올 정도였습니다. 그중에는 정말 개인의 사사로운 요구를 내세운 데모도 많았습니다. 초등학생들은 교사의 전근을 반대하는 데모를 벌였습니다. 논산 훈련소의 훈련병은 장교가

▶ 어린이 데모
시위를 그만하라고 어른들에게 호소하는 어린이들의 데모.

법이 정해지기 전에 했던 행위에
까지 책임을 묻도록 법을 만드는
것. '법률 없이 형벌 없다'라는 근
대 시민법 정신에 따라 대부분
의 나라에서는 소급 입법을 금지
하고 있다. 그러나 특수한 상황
에 대해서는 예외적으로 소급 입
법을 하기도 하는데, 한국에서의
대표적인 예로, 광복 이전의 친일
파 처벌을 위해 만든 반민족행위
처벌법, 4·19 혁명 당시 관련자들
을 처벌하기 위해 제2공화국이 만
든 제4차 개헌 헌법, 12·12 사태와
5·18 민주화 운동 관련자를 처벌
하기 위해 문민정부 시절에 만든
5·18처벌특별법 등을 들 수 있다.

자신들을 아랫사람 취급했다고 데모를 벌였습니다. 심지어 어른들 데모를 그만하라는 초등학생의 데모도 있었습니다.

1960년 10월 4·19 시위대에 총을 쏜 사건의 책임자들에게 법원이 판결을 내렸습니다. 그런데 그 판결이 너무 가볍다고 생각한 유가족들이 민의원 회의장에 쳐들어갔습니다. 여기 시민과 학생이 더해져 그 수가 수천 명에 달했습니다. 그들은 더 강력한 처벌을 원했습니다. 그들의 요구에 밀린 민의원은 특별법 네 개를 제정하였습니다. 부정 선거 관련자와 부정으로 재산을 쌓은 자들을 처벌하는 법들이었습니다. 이 법들은, 법이 만들어지기 이전에 저지른 일에 대해 처벌하는 소급 입법*이었지요. 시위대가 국회의사당에 쳐들어가고 시위대의 요구에 밀려 법을 만든 이 사건은, 4·19 이후 한국 사회가 얼마나 무질서하고 혼란했는가를 보여주는 상징적인 사건이 되었습니다.

이런 혼란을 부채질한 것은 무책임한 언론이었습니다. 국가보안법이 개정되어 언론의 무조건적 자유가 보장되자 수많은 언론 매체가 만들어졌습니다. 일간 신문의 경우 원래 41개였던 것이 그해 말까지 389개로 늘어났습니다. 주간지, 월간지, 통신사도 마찬가지였습니다. 이들 언론 매체는 한결같이 정부를 비판하는 기사를 쏟아냈습니다. 국민들도 누가 더 잘 비판하는가로 언론을 평가했지요. 장면 정부는 이런 언론들을 통제할 수 없었습니다. 급기야 언론사들은 기자증을 팔기도 했습니다. 돈 주고 기자증을 산 사이비 기자들은 정부 관리들의 비리를 꼬투리 잡아 협박하고 먹을 것을 뜯어냈습니다. 신문 때문에 나라가 망한다는 얘기가 나올 정도였습니다.

급진 좌익 세력에 공격당한 장면 정부

4·19혁명 이후, 자유가 무제한으로 허용되자 좌익 세력이 다시 고개를 들고 나오기 시작했습니다. 1961년 2월 한미경제협정을 체결하려고 하자 서울 시내 7개 대학의 민족통일연맹이 협정의 폐기를 주장하며 반대 투쟁을 했습니다. 거기에 16개 정당과 사회단체들도 힘을 합했지요. 그들은 민족 해방을 실현하고 식민주의를 청산해야 한다고 나섰습니다. 그러면서 장면 정부를 제2의 조선총독부라며 공격했습니다. 이를 본 장면 정부는 무제한으로 허락되었던 시위의 자유를 규제할 수 있도록 법을 바꾸려 했습니다. 또 이 무렵 여수와 순천 지역에서 교사와 학생들이 여객선을 납치하여 북한으로 넘어가려는 사건이 벌어졌습니다. 이에 장면 정부는 반공을 위한 특별법을 만들려 했습니다.

그러자 전국적으로 치열한 찬반 시위가 일어났습니다. 급진 이념을 지향하는 단체들은 전국적으로 반대 투쟁을 벌였습니다. 3월 22일 서울 시청 광장에서는 30,000여 명이 참가하여 2대 악법 반대를 위한 시위를 열었지요. 밤까지 이어진 이 시위에서는 "인민공화국 만세", "김일성 만세" 등 드러내놓고 대한민국을 부정하는 구호까지 등장했습니다.

한편 북한은 4·19 이후 남한의 정치적 변화에 많은 기대를 걸었습니다.

"남한과 북한이 각각의 국가 체제를 당분간 그대로 유지하면서 두 정부의 대표들로 최고민족회의를 조직합시다. 그래서 민족의 경제와 문화를 통일적으로 조정해나갑시다."

북한의 김일성은 이런 내용의 남북 연방제를 제안하며 유엔에 제출하기도 했습니다. 이와 함께 남한에 전기도 보내주겠다고 제안했지요. 북한의 이런 평화적인 태도에 남한의 좌익 계열 정치 세력은 힘을 얻었습니다. 그들은 통일 문제를 내걸고 다시 뭉쳤습니다. 좌익 세력은 반외세, 즉각적인 남북 협상, 중립화 통일을 주장했습니다.

이렇게 좌익 세력이 사회 전반에 스며든 동안 4·19혁명 1주년을 맞이하게 되었습니다. 4·19의 중심이었던 학생 단체들은 남북 학생 회담을 제의하는 결의문을 채택했습니다. 북한은 즉시 이에 환영한다는 뜻을 밝혔습니다. 또 서울과 평양에서 회담을 하자고 하였습니다. 장면 정부는 남북 교류와 학생 회담은 위험해서 허가할 수 없다고 하였습니다. 하지만 좌익 단체들은 남북 학생 회담을 환영한다며 통일촉진궐기대회를 열었습니다. 거기에 "가자 북으로, 오라 남으로"라는 구호가 내걸렸습니다. 4·19 민주 혁명의 본질이 남북 교류와 통일 운동으로 바꾸어버린 것이지요. 이런 상황에서 한국의 정치와 사회는 심한 분열과 위기감에 빠져들게 되었습니다.

얼핏 보면 통일 운동을 정부가 막을 이유가 없어 보입니다. 그런데 당시 김일성은, 겉으로는 협상을 말하며 실제로는 한반도를 완전한 공산 국가로 만들 계획을 세우고 있었습니다. 그 계획의 하나가 남북연방제론의 제안이었던 것이지요. 이때 중국의 마오쩌둥은 북한도 베트남처럼 남한에서 게릴라전을 펼치라는 압력을 넣었습니다. 하지만 북한 지도부는 이를 거부하면서 남조선 혁명론을 내세웠습니다. 이는, 미군이 남한에 있는 한 무력으로 남한을 해방할 수 없으니 먼저 남한 내의 혁명 세력을 지원한다는 것입니다. 혁명 세력이 민중 혁명을 일으키면 북한이 이에 합작하여 통일 국가를 만들어간다는 것이 남조선 혁명론입니다.

태어난 지 13년밖에 되지 않은 대한민국은 국가 체제에 근본적인 도전을 당하게 되었습니다. 그럼에도 불구하고 장면 정부는 좌익 세력의 통일 운동에 맞서 사회 질서를 유지할 능력이 없었습니다. 이에 대다수 국민은 하루 앞도 예측할 수 없는 심한 위기감에 빠져들었지요. 이 위기에 대응한 세력은 한국의 군부였습니다. 1961년 5월 16일 새벽, 군부의 쿠데타가 일어나 장면 정부는 무너지고 말았습니다.

3.
새로운
정치 세력을
등장시킨
5·16 군사 정변

"올 것이 왔구나."

윤보선 대통령은, 5·16 군사 정변을 일으킨 박정희 소장을 만나는 순간, 이렇게 말했습니다. 5·16이 일어나자 수많은 국민도 "올 것이 왔다"라고 하였습니다. 장면 정부를 지지하던 경향신문도 "이와 같은 사태를 초래하게 된 것은 궁극적으로 말해서 기성 정치인의 구태의연한 사고방식과 부패, 무능과 파쟁의 소치라 하여도 지나친 말이 아니며, 드디어 올 것이 왔다는 감을 짙게 한다"라는 내용의 사설을 실었습니다. 서울대학교 총학생회는 "4·19와 5·16은 동일한 목표를 가진다"라고 하면서 5·16을 '민족주의적 군사 혁명'으로 환영하였습니다.

기성 정치인의 무능, 부패, 당쟁에 따른 정치와 사회의 방종과 그에 따른 국가 정체성의 혼란은 대다수 국민으로 하여금 일대 변혁을 기대하게 하였습니다. 3,600명이라는 적은 병력으로 일으킨 쿠데타 5·16이 성공할 수 있었던 것은 그런 국민적 기대에 부응하였기 때문입니다.

▶ 5·16의 주역들

5·16 쿠데타에 성공, 서울에 진입한 혁명의 중심 인물들. 박정희 소장(가운데), 박종규 소령(왼쪽), 차지철 대위(오른쪽), 이낙선 소령(박 소장 뒤) 등이 서울시청 앞에서 육군사관생도들의 5·16 지지 행진 모습을 지켜보고 있다.

▶ 김종필(金鍾泌, 1926~)

충남 부여 출생. 1947년 서울대학교 사범대 2년을 수료, 1948년 육군사관학교를 졸업하였다. 4·19 이후 군의 정군 운동을 주도했으며, 5·16 쿠데타에 주역으로 참여하였다. 중앙정보부를 창설하여 1963년까지 중앙정보부장을 지냈으며, 그해 예편하여 공화당 창당을 주도하였다. 이후 박정희 정부에서 국무총리를 지냈다. 박정희 대통령 사망 후 신군부의 탄압을 받아 미국에서 생활하였다. 1987년 정계에 복귀하여 신민주공화당을 만들어 대통령 선거에 출마했으나 낙선하였다. 1990년 노태우의 민정당, 김영삼의 통일민주당과 합당하여 민주자유당을 만들었다. 1995년 내각책임제 개헌을 주장하여 김영삼 대통령과 대립하다가 탈당, 자유민주연합을 만들었다. 1997년 선거에서 평민당의 김대중 후보와 연합하여 김대중의 승리를 도왔으며, 이후 김대중 정부에서 또 한 차례 국무총리를 지냈다.

부패한 군 수뇌부를 몰아내기 위해 시작된 군사 혁명

6·25전쟁을 겪은 후 한국의 군부는 양적으로, 조직적으로 급격히 성장했습니다. 그런데 이승만 대통령은 군부의 특정 세력이 지나치게 강해지는 것을 용납하지 않았습니다. 오히려 군부 내에 파벌이 생기는 것을 인정했습니다. 그러면 서로 견제할 수 있기 때문이지요. 이렇게 해서 특정 세력이 대통령에게 도전하는 것을 방지했습니다. 힘을 모으지 못한 군부는 정치성을 띠며 부패했습니다. 부패하고 무능한 군의 수뇌부는 자유당이 부정 선거할 때 그에 협조하기도 했습니다.

그런데 4·19혁명은 군부에도 큰 영향을 미쳤습니다. 4·19 직후 김종

▶ 박정희(朴正熙, 1917~1979)
경북 선산의 가난한 농가에서 태어났다. 대구사범학교를 졸업하고 문경에서 3년 간 초등학교 교사로 복무했다. 1940년 만주군관학교, 1942년 일본육군사관학교를 졸업한 뒤 만주군 장교로 근무했다. 해방 후 조선경비사관학교를 졸업한 뒤 대위로 임관했다. 혼란기에 남로당 조직에 가입했다가 체포되어 위기를 맞았으나 군 수뇌부의 도움으로 출옥했다. 6·25전쟁 중 현역으로 복귀한 뒤 사단장, 군부사령관을 역임했다. 5·16 군사 정변을 주도하여 집권에 성공했으며 민정 이양 후 제5·6대 대통령 선거에 당선되었다. 3선 개헌과 유신헌법을 강행하여 제7·8·9대 대통령을 역임했다. 1979년 측근인 김재규 중앙정보부장에 의해 암살되었다. 딸인 박근혜 씨가 한국 역사상 처음으로 여성 대통령이 되었다.

필*(金鍾泌)을 중심으로 한 장교 여덟 명이 다음과 같은 내용의 연판장을 돌리는 사건이 일어났습니다.

"4·19 정신으로 군을 숙정(肅正)해야 한다. 부정 선거를 돕고 부정으로 재산을 모은 군 수뇌부의 사퇴를 촉구한다."

이들은 장면 정부가 출범하자 국방부 장관을 찾아가 같은 내용의 건의서를 제출하려 했지만 실패했습니다. 이후 이들은 서울의 충무장이라는 음식점에서 다시 모였습니다.

"정군(整軍)에서 혁명으로 투쟁 방법을 바꾸자."

이렇게 정군파 장교들이 혁명을 결의한 것은, 군 수뇌부의 부패만이 문제가 아니라고 판단했기 때문입니다. 당시 대한민국의 국민 소득은 세계에서 가장 낮은 그룹에 머물러 있었지요. 가난은 국민 모두를 부패하게 하고 그것이 도덕과 사회 기강을 문란하게 했습니다. 정군파 장교들은, 근대화가 제대로 이뤄지지 않는 국가의 현실에 대해 총체적으로 분노를 느낀 것입니다.

정군파 장교들은 박정희* 육군 소장을 지도자로 추대했습니다. 그는 군부 내에서 강직하고 청렴하다는 평판을 얻은 인물이었습니다. 박정희 역시 부패하고 후진적인 한국의 현실에 오래전부터 불만을 품고 혁명의 기회를 찾고 있었습니다. 박정희를 비롯한 정군파 장교들이 자신들의 생각을 행동으로 옮긴 가장 직접적인 이유는, 정치의 혼란과 사회의 방종, 그리고 좌익 세력에 나라가 흔들리고 있다는 위기감 때문이었습니다.

5·16 군사 정변의 시작부터 성공까지

1961년 5월 16일 새벽, 김포에 주둔한 해병대 1개 여단이 서울을 향해 움직이기 시작했습니다. 병력 3,600명이 박정희 소장의 지휘 아래 한강을 건넜습니다. 그들은 곧 육군본부를 점령하고 정부의 주요 시설을 손에 넣었습니다. 군부의 수장인 <u>장도영</u>*(張都暎) 육군 참모총장은 전날 밤 쿠데타의 움직임을 확실하게 알았지만 이를 막으려 하지 않았습니다.

쿠데타군이 서울에 들어왔다는 소식을 들은 장면 총리는 혜화동에 있는 수녀원으로 피했습니다. 그는 두 차례나 주한 미국 대리 대사에게 전화를 걸었습니다. 유엔군 사령관이 쿠데타군을 진압해줄 것을 요청했던 것이지요. 하지만 자신이 어디에 숨어 있는지는 알려주지 않았습니다. 체포당할 위험이 있었기 때문입니다. 미국은 한국 정부의 최고 책임자가 숨어서 한 부탁을 근거로 한국 내부의 정치에 개입할 수 없었습니다. 5월 18일 55시간이나 숨어 있던 장면 총리가 모습을 드러냈습니다. 그는 <u>국무회의</u>*를 열어 내각 총 사퇴를 결의하였습니다.

당시 주한 미국 대리 대사 그린과 유엔군 사령관 매그루더는 쿠데타를 반대했습니다. 두 사람은, 장면 총리의 합법적인 정부를 지지한다는 성명을 발표했습니다. 또 헌법상 군 통수권자인 윤보선 대통령을 찾아가 쿠데타군을 진압하도록 명령하기를 요구했습니다. 하지만 대통령은 거절했습니다. 유혈(流血) 내전은 피해야 한다는 이유에서였지요.

국무총리가 숨어서 나타나지 않는 가운데 대통령은 군부의 거사에 동조하는 말과 행동을 했습니다. 또 서울 시민의 다수가 거사에 찬성한다는 입장을 보였습니다. 이에 미국 정부는 군부의 거사를 받아들이는 방

▶ 장도영(1923~2012)
장면 내각의 두 번째 육군 참모총장. 5·16 후 초대 국가재건최고회의 의장을 지냈으나 5·16의 실세인 박정희와의 권력 투쟁에서 패하여 반혁명 혐의로 기소되기도 했다.

*국무회의
정부가 시행할 중요한 정책을 심의하는 회의. 대통령과 국무총리 및 15인 이상 30인 이하의 국무위원으로 구성된다. 의장은 대통령이, 부의장은 국무총리가 맡는다. 국무총리는 국무위원의 임명과 해임을 대통령에게 건의할 수 있다. 국무회의는 원칙적으로 심의 기관이지 의결 기관은 아니다. 하지만 국정의 기본 계획과 정부의 일반 정책, 다른 나라에 전쟁을 선포하거나 끝내는 일 등 주요 대외 정책, 헌법 개정안과 법률안, 예산·결산안, 비상 조치 또는 계엄과 그 해제 등 중요한 국정 안건은 반드시 국무회의의 의결을 거치도록 헌법에 정해져 있다. 국무회의에서 모든 국무위원의 자격은 동등하며, 다수결로 의결한다.

향으로 돌아섰습니다. 장면 총리가 나타나 내각 총 사퇴를 결의한 후 쿠데타의 지휘부는 유엔군 사령관 매그루더와 담판을 지었습니다. 이 자리에서 서울을 점령한 군대의 일부를 원상 복귀시키겠다고 합의하였습니다. 이로써 군부의 쿠데타는 성공을 거두었습니다.

혁명군은 5월 16일 새벽 KBS 방송국을 점령하여 미리 준비한 혁명 공약을 발표했습니다. 군사 혁명 세력은 제2공화국 헌법과 정부를 해체했습니다. 그리고 국가재건최고회의라는 새로운 주권 기구를 설치했습니다. 이 기구의 의장은 장도영이, 부의장은 박정희가 맡았지요. 국가재건최고회의를 정점으로 한 군사 정부는 기존의 정당과 사회단체를 모두 해산하고 민간인의 정치 활동을 금지하였습니다. 군사 정부의 통치는 1963년 12월까지 2년 6개월이나 계속되었습니다.

사회 각 분야에서 실시된 군사 정부의 개혁

"군사혁명위원회는 다음과 같이 혁명 공약을 발표한다.

첫째, 반공을 제1의 국시(國是)로 하여 반공 체제를 강화하며,

둘째, 미국을 위시한 자유 우방과의 유대를 공고히 하며,

셋째, 나라의 부패와 구악(舊惡)을 일소(一掃)하고 퇴폐한 국민 도의와 민족 정기를 바로잡으며,

넷째, 기아 선상의 민생고(民生苦)를 해결하기 위해 자주적 국가 경제 재건에 전력을 집중하며,

다섯째, 국토 통일을 위해 공산주의와 대결할 실력을 배양하며,

여섯째, 이 같은 우리의 과업이 성취되면 참신하고 양심적인 정치인에게 정권을 이양(移讓)하고 군인 본연의 임무에 복귀한다."

이는 5월 16일 새벽에 발표된 혁명 공약입니다.

반공 체제를 강화한다는 첫째 공약을 지키기 위해 군사 정부는 급진 좌익 세력을 잡아

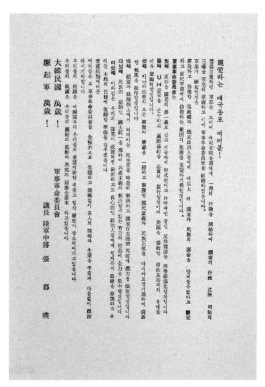

▶ 군사혁명위원회의 혁명 공약
1961년 5월 16일 아침, 서울 시내에 뿌려졌던 혁명을 알리는 전단. 장태화, 김종필이 초안을 잡고 박정희가 최종 손질한 혁명 공약은 군사 정변과 상관 없는 장도영의 이름으로 발표되었다.

▶ 폭력배 등 범법자 단속 및 처벌
군사 정부는 부패와 구악을 모두 없앤다는 공약에 따라 폭력배 등 범법자 27,000여 명을 단속했다. 체포된 이정재 등 깡패들이 과거를 청산하고 국가 건설에 매진하겠다는 플래카드를 앞세워 거리를 행진하고 있다.

들이기 시작했습니다. 또 부패와 구악을 모두 없앤다는 공약에 따라 폭력배 등 범법자 27,000여 명을 단속했습니다. 군사 정부는 40,000여 명의 부패한 공무원을 공직에서 몰아냈습니다. 이는 전체 공무원 중 18%에 달하는 많은 수였습니다. 그 외에 군사 정부는 밀수를 강력히 단속하고 외제품 사용, 풍기 문란 행위를 금지하였습니다. 이 같은 군사 정부의 개혁은 정치와 사회의 부패와 혼란에 염증을 느껴온 국민들의 지지를 받았습니다.

또한, 군사 정부는 부정부패 척결을 내걸고 주요 사업가 15명을 구속했습니다. 또 부정한 방법으로 재산을 모은 사람들에게는 많은 금액의 벌금을 물게 했습니다. 기업가들이 가지고 있던 일반 은행 주식을 몰수하고 민간이 운영하던 은행을 국유화하기도 했습니다.

그런데 기업가의 구속과 처벌로 경제 사정이 오히려 악화되었습니다. 그래서 군사 정부는 경제 안정과 발전을 도우라며 기업가들의 처벌을 늦추어주었습니다. 기업가들은 이때 한국경제인협회를 만들어 군사 정부의 개발 계획에 적극적으로 참여하기 시작했습니다. 한국경제인협회는 이후 전국경제인연합회(전경련)로 발전하였습니다.

군사 정부는 1962년 6월 10일 **통화 개혁***을 실시하였습니다. 예전의 '환'이었던 화폐 단위가 이때부터 '원'으로 바뀐 것이지요. 군사 정부는 통화 개혁을 통해 민간 예금의 실태를 파악하고 그 일부를 묶어두어 산업 자금으로 돌리려 하였습니다. 하지만 통화 개혁이라는 예상치 못한 충격으로 기업 활동이 정지되고 경제는 오히려 위기 상황에 빠졌습니다.

또 농어민의 생계를 위협하던 농어촌의 고리채(高利債)를 정리하는 사업도 실시하였습니다. 농어민이 고리채를 신고하면 농업협동조합(농협)이 그 빚을 대신 갚아주도록 한 것입니다. 농민은 낮은 이자로 5년에 나누어 농협에 갚으면 되었지요. 그런데 여기서도 문제가 발생했습니다. 농어민은 당장 빚에서 벗어났지만, 농어촌 사금융(私金融)이 마비되어 급할 때도 돈을 빌려 쓸 수 없어졌습니다.

이렇게 군사 정부 초기의 경제 정책은 즉흥적이고 체계가 잡히지 못한 상태로 이루어졌습니다. 하지만 실패를 거듭하는 가운데 그들은 경제 현실을 제대로 바라보고 그에 알맞게 접근하는 능력을 키울 수 있었습니다.

***통화 개혁**
군사 정부는 1963년 경제 개발의 재원을 확보하기 위해 호칭 단위의 변경과 예금 동결을 주요 정책으로 하는 통화 개혁을 단행. 그러나 신용 경색과 경기 침체라는 부작용으로 한 달 만에 중단했다.

박정희, 제5대 대통령에 당선되다

군사 정부는 1963년에 민간 정부로 정권을 넘기겠다고 국민에게 약속했습니다. 1962년 12월 민간 정부를 수립하기 위한 새로운 헌법이 국민투표에 의해 제정되었습니다(제5차 개정 헌법). 4·19 이후 실시된 제3차, 제4차 개헌은 건국 헌법의 틀을 그대로 두고 일부 조항을 바꾸는 방식이었지요. 하지만 제5차 개헌은 헌법을 거의 새롭게 만드는 수준으로 이뤄졌습니다. 다른 나라의 헌법들로 짜깁기하듯 만들었던 건국 헌법의 틀을 허물어버린 것입니다.

새로운 헌법이 선택한 정부 형태는 대통령 중심제였습니다. 대통령은 국민이 직접 선출하며 임기는 4년으로 1차에 한해 중임(重任)할 수 있도록 했습니다. 부통령은 뽑지 않고 국무총리를 두어 대통령이 직무를 수행할 수 없을 때 그를 대신하게 하였습니다.

새로운 헌법에서는 대통령의 권한이 더욱 강해졌습니다. 건국 헌법에도 대통령이 긴급 명령을 발할 권한이 있었지요. 이 명령은 내우외환(內憂外患)·천재지변을 당하여 공공의 안정 질서를 유지하고 국가의 안보를 지키는 데 필요하다고 여겨질 때 내리는 비상조치입니다. 그런데 제5차 개정 헌법에는 대통령이 계엄을 선포할 수 있는 권리를 더했습니다. 전쟁이나 사변(事變) 또는 그에 따르는 국가 비상사태를 맞아 공공의 질서를 유지하기 위해 대통령이 계엄을 선포하고 군 병력을 동원할 수 있는 권리를 인정한 것입니다. 계엄이 선포되면 국민의 기본권과 정부·법원의 권한에 제약이 가해질 수도 있습니다.

새로운 헌법은 경제 체제 면에서 중대한 수정을 했습니다.

"대한민국의 경제 질서는 개인의 경제상의 자유와 창의를 존중함을 기본으로 한다."

새 헌법의 이 조항은 대한민국이 자유 시장 경제 체제임을 확고하게 말해주고 있습니다. 다만 "모든 국민에게 생활의 기본적 수요를 충족시키는 사회 정의 실현과 균형 있는 국민 경제의 발전을 위해 국가는 필요한 범위 안에서 경제에 관해 규제와 조정을 할 수 있다"라고 하였습니다. 이렇게 새 헌법은, 사회민주주의 경제 체제의 요소가 담긴 건국 헌법의 규정들을 폐지하거나 크게 바꾼 것입니다.

1963년부터는 군사 정부에 의해 금지되었던 민간의 정치 활동이 자유화하였습니다. 박정희 국가재건최고회의 의장은 민간 정부에 참여할 준비를 하였습니다. 참신한 민간 정치인에게 정권을 넘기고 군인의 신분으로 돌아가겠다던 약속을 어긴 것이지요. 박정희는 중앙정보부*를 조직하고 민주공화당*을 만들었습니다. 그리고 자신은 대통령 선거에 출마하였습니다.

1963년 10월에 치러진 대통령 선거에는 일곱 명의 후보가 나왔습니다. 하지만 결국 민주공화당의 박정희와 민정당의 윤보선, 이 두 사람이 경쟁하게 되었지요. 선거 유세에서 박정희는, 옛 정치인들이 자유민주주의와 정치

*중앙정보부
1961년 김종필에 의해 창설된 국가 안전 보장에 관련된 업무를 담당하는 중앙 행정 정보 기관. 1999년 국가안전기획부로 명칭 및 기구가 개편되었고 현재는 국가정보원이란 이름으로 운영되고 있다.

*민주공화당(民主共和黨)
5·16 군사 정변을 주도한 군부 세력이 민간 정부에 참여하기 위해 정구영 씨 등 각계를 흡수하여 만든 정당. 1963년 대통령 선거에서 박정희 후보를 당선시킨 후 1980년 신군부에 의해 해산될 때까지 17년 동안 집권 여당으로 군림했다.

▶ 취임 선서하는 박정희 대통령
박정희는 5·16 군사정변 후 946일만에 헌정을 부활하고 제3공화국 5대 대통령에 취임하였다.

적 방종을 혼동하고, 미국에 지나치게 굴종적인 자세를 취했다고 비난했습니다. 박정희는 이 선거에서 윤보선을 이기고 대통령에 당선되었습니다. 곧이어 치러진 국회의원 선거에서 민주공화당은 3분의 2에 가까운 의석을 차지하는 대승을 거두었습니다. 박정희는 경제 개발을 강력하게 추진할 수 있는 정치적 기반을 확보했지요. 1963년 12월 박정희는 제5대 대통령에 취임했습니다. 이로써 제3공화국이 출범(出帆)했습니다.

혁명적 근대화의 시작을 알린 5 · 16

5 · 16이 일어나자 대다수 국민은 지지하고 환영했습니다. 지식인들도 5 · 16에 기대감을 나타내고 적극적으로 참여했습니다. 이들이 군사 정부에 참여한 데는 군사혁명위원회가 발표한 혁명 공약의 힘이 컸습니다. 특히 "나라의 부패와 구악을 일소하고 퇴폐한 국민 도의와 민족 정기를 바로 잡겠다"라는 공약은 커다란 설득력을 발휘하였지요. 정치적 혼란과 사회적 방종이 정치만의 문제가 아니라 국민 도덕의 책임이기도 하다는 데 많은 사람이 공감했습니다. 이를 해결하기 위해서는 '민족 개조' 또는 '인간 개조'가 필요한데 군사 정부가 이를 수행해줄 것으로 기대한 것입니다.

지식인들은 또 여섯 번째 공약을 믿고 군사 정부에 참여했습니다. 혁명의 과업을 완수한 뒤 참신하고 양심적인 정치인에게 정권을 넘기고 군인 본연으로 돌아가겠다는 약속이었지요. 하지만 이는 처음부터 지킬 수 없는 약속이었습니다. 다섯째까지 내세운 혁명의 과업은 몇 년 사이에 완수될 사항들이 아니었습니다. 완수하려면 적어도 한 세대는 걸릴 것들이었지요. 그리고 참신하고 양심적인 정치인은 어디에도 없었습니다. 모든 혁명은 대중을 혁명으로 끌어들이기 위해 위선의 구호를 내걸게 마련입니다. 5·16도 마찬가지였지요. 어쨌든 5·16 세력은, 합법적인 정부를 무력으로 무너뜨렸고 민간 정치인에게 정권을 넘기겠다는 약속을 지키지 않았다는 비판은 피할 수 없었습니다.

50년의 세월이 흐른 오늘날의 관점에서 5·16을 돌아보면 다음의 두 가지 사실을 눈여겨보게 됩니다.

첫째, 5·16은 이후 한국인들이 겪을 혁명적 근대화의 시작이었다는 점입니다. 1963년 이후 한국은 세계 자본주의 역사상 보기 드문 고도 성장을 했습니다. 급격한 경제 성장은 한국인의 물질 생활은 물론 정신 생활에도 커다란 변화를 가져다주었지요. 이런 혁명적 변화가 저절로 이루어진 것은 아닙니다. 이는, 젊고 유능한 군인 출신의 정치가들이 '조국 근대화'에 대한 강력한 의지를 갖고 올바른 방향의 개발 정책을 효율적으로 추진한 덕분에 가능한 일이었습니다. 거기에 한국인의 성장 잠재력이 극대화되어 세계가 놀라는, 기적 같은 경제 성장이 이뤄진 것입니다.

둘째, 5·16은 이승만 권위주의 체제의 계승이었다는 사실입니다. 박정희 대통령은 집권 18년 동안 건국 대통령 이승만을 존경한다는 말을 한 마디도 하지 않았습니다. 박정희 대통령은 대한민국의 건국을 긍정적으로 평가하지 않았습니다. 자신이 새로운 역사를 만들고 있다는 확신에 차 있었기 때문입니다. 그렇지만 역설적이게도 그는 이승만 대통령의 더없이 충실한 계승자였습니다.

박정희가 내건 혁명 공약의 거의 모든 부분이 이승만의 빈자리를 채우는 것이었습니다. 반공을 제1의 국시로 삼겠다고 했는데 그것은 이승만의 반공주의의 계승이었습니다. 미국과의 유대를 공고히 하겠다고 했는데 그것은 이승만이 만든 한미동맹의 충실한 계승이었습니다. 민족 통일을 위해 공산주의를 물리칠 실력을 기르겠다고 했는데 이는 표현만 달라졌을 뿐 이승만의 북진통일론과 다를 바 없는 이야기입니다.

게다가 박정희는 이승만의 대통령 중심제 정부 형태를 계승했습니다. 군대를 이끌고 권력을 빼앗은 박정희에게 대한민국 국민은 직선제 선거를 통해 대통령으로서의 정당성을 부여해주었습니다. 그런데 직선제 선거 역시 이승만이 국회의 세력을 누르면서 무리하게 이룩한 것이지요.

요컨대 5·16에서 시작한 박정희의 근대화 혁명은 이승만이 남긴 건국의 업적에 두 발을 딛고 있었습니다. 자유민주주의 국가 체제가 건국 대통령 이승만에 의해 세워졌다면 4·19와 5·16 이후에 등장한 세력들은 그 토대 위에서 나라의 곳간을 채우는 역사적 과제를 수행했습니다. 다시 말해 4·19와 5·16은 새로운 정치 세력을 등장시킨 연속된 혁명이었습니다. 이 혁명들로 등장한 새로운 세력들이 나라 만들기의 제2단계 과제를 충실히 수행해나간 것입니다.

국립서울현충원

국립서울현충원은, 조국을 지키고 발전시키기 위해 고귀한 생명을 바친 순국 선열과 호국 영령들이 잠들어 있는 묘역이다. 이곳에는 항일 의병을 비롯하여 광복을 위해 투쟁한 애국 지사, 나라의 발전을 위해 평생을 바친 국가 유공자, 적의 침략으로부터 조국을 지키다 목숨을 잃은 국군 장병, 경찰관, 향토예비군들의 묘와 위령비들이 있다. 또 국가 원수 묘역에는 이승만 대통령 내외 · 박정희 대통령 내외 · 김대중 대통령의 묘소가 있다. 이곳에 가면 대한민국을 지키기 위해 얼마나 많은 사람이 희생했는지를 실감할 수 있다.

주소 서울특별시 동작구 현충로 210 / www.snmb.mil.kr
참배 시간 09:00~18:00

제4장

'한강의 기적'이라 불린 눈부신 경제 성장

1.
"수출만이
살 길이다"

"기아 선상의 민생고를 해결하기 위해 자주적 국가 경제 재건에 전력을 다하겠다."
이는 박정희가 내건 혁명 공약입니다. 이 공약이 말해주듯이 경제 개발은 박정희가 혁
명을 일으킨 목적 그 자체였습니다. 하지만 당시 미국과 유엔의 경제학자들은 한국 경
제를 비관적으로 바라봤습니다. 자연 자원도 빈약하고 자본도 별로 없던 데다 부정부
패와 정치 사회의 분열이 심한 한국에서 경제 성장을 이룩하기는 어렵다고 본 것입니
다. 그런데 한국 경제는 1963년부터 고도 성장을 시작하였습니다. 이후 한국은 '한강의
기적'을 이룩해 세계를 놀라게 했지요. 어떻게 그런 일이 일어날 수 있었을까요?

고도 성장을 뒷받침해준 세계 경제의 변화

한국 경제가 고도 성장하는 데 가장 큰 힘을 발휘한 것은 한국인들의 능력과 노력이었습니다. 거기에 급속한 성장을 했던 당시 세계 경제의 환경도 커다란 힘을 실어주었지요. 제2차 세계대전 이후 자본주의 세계 경제가 크게 발전할 수 있었던 것은 기술 혁신 덕분이었습니다. 기술 혁신의 중심에는 컴퓨터를 이용한 정보·통신의 혁명이 있었습니다. 기술 혁신으로 기업의 이윤이 커지자 노동자의 임금 수준이 높아졌고 노동자의 권리도 크게 신장하였지요. 그에 따라 자본주의 경제를 위협하던 계급 투쟁이 막을 내렸습니다.

또 자유 무역도 세계 경제의 번영을 이끌었습니다. 자유 무역 체제의 구축은 미국으로부터 시작되었습니다. 미국은, 20세기 전반에 있었던 두 차례의 세계대전과 한 차례의 경제 대공황은 세계 경제의 안정된 시스템이 없어서 생긴 일이라고 생각했습니다. 그런 반성으로 미국은 **국제통화기금***(IMF)을 창설했습니다. 이 국제 기구는 국제 수지의 만성 적자로 위기를 겪는 나라에 달러 등 국제 통화를 융자해주기 위한 것이었습니다. **세계은행***(IBRD)도 만들어졌지요. 이는 후진국에 경제 개발 자금을 제공하기 위한 기구입니다. 또 미국은 23개국을 모아 **관세 및 무역에 관한 일반 협정***(GATT)을 만들었습니다. 이 협약은 회원국들 사이에 서로 관세율을 내려주고 어느 나라나 차별하지 않고 수출입 제한을 하지 않는 등 자유 무역의 일반 원칙을 마련하였습니다.

이런 분위기 가운데 선진국이 후진국의 공산품을 수입하는 새로운 현상이 나타났습니다. 선진국에서 **노동 집약적***인 공산품을 더 이상 생산

*IMF 국제통화기금
국제 금융 체계를 감독하는 국제 기구로 회원국의 요청이 있을 때는 기술 및 금융 지원을 한다. 현재 회원국은 186개국. 한국은 1997년 김영삼 정부 때 국가 부도위기를 맞아 온 국민이 대량 해고와 경기 악화로 큰 어려움을 맞아 IMF에 구제 금융을 요청한 일이 있다.

*세계은행
1946년 브레튼우즈협정에 의해 설립된 국제 금융 기관으로 현재 총재는 한국계 미국인 김용 씨이다.

*관세 및 무역에 관한 일반 협정 (GATT)
회원국들 간의 무역 관계를 정의하는 많은 수의 협정을 감독하기 위한 기구. 세계 무역의 장벽을 감소시키거나 없애기 위한 목적으로 1947년 출범했으나 현재는 이를 대체해 159개 회원을 가진 세계무역기구 WTO로 발전.

*노동 집약적
노동력만 풍부하면 상대적으로 낮은 기술 수준, 적은 자본으로도 유지할 수 있는 생산 방식. 상대적 개념으로는 '자본 집약적'이라는 말이 있다. 대개의 경우 섬유·신발·전자 제품 등을 생산하는 경공업은 노동 집약적 산업으로, 중공업이나 첨단 산업은 자본 집약적 산업으로 분류된다.

하기 어려워졌기 때문이지요. 후진국이 의지와 능력만 있다면 자국의 풍부한 노동력을 이용하여 선진국에 공산품을 수출할 수 있는 새로운 길이 열리기 시작한 것입니다. 한국은 그런 능력과 의지를 발휘한 몇 안 되는 나라 가운데 하나가 되었습니다.

수출에 역점을 두었던 제1차 경제 개발 계획

1961년 7월 군사 정부는 경제기획원을 설립하였습니다. 경제기획원의 핵심 기능은 개발 계획의 수립, 정부 예산의 편성, 외국 자본과 기술의 도입 등이었습니다. 군사 정부가 집권 두 달 만에 강력한 기능의 경제기획원을 만든 것은 그만큼 경제 개발에 대한 의지가 강했기 때문이지요. 제3공화국에서도 경제기획원 장관은, 부총리로서 정부의 모든 경제 관련 부처를 통괄하였습니다. 이렇게 정부 조직 내에서 경제기획원의 위상을 높인 것은 박정희 정부가 경제 개발을 정부 정책의 최우선 과제로 삼았음을 말해줍니다.

1962년 1월 경제기획원은 제1차 경제 개발 5개년 계획(제1차 개발 계

한국 경제의 산업 구조 비중

(단위: %)

	1960	1970	1980	1990	2000	2010
농수산업	36.8	29.1	16.0	8.7	4.6	2.6
광공업	15.9	20.2	26.0	27.4	28.6	30.8
제조업	13.8	18.5	24.6	26.6	28.3	30.6
건설 및 공공사업	4.1	6.4	10.0	12.5	9.4	8.5
서비스업	43.2	44.3	48.0	51.5	57.3	58.2

자료: UN Comtrade.

획)을 발표하였습니다. 제1차 개발 계획은 1966년까지의 연평균 성장률 목표를 7.1%씩으로 정했습니다. 이런 성장을 이루려면 당시 가치로 3,205억 원이 넘는 많은 돈이 필요했습니다. 군사 정부는 이 자금을 전력, 석탄, 농업뿐만 아니라 정유(精油), 시멘트, 비료, 화학 섬유, 종합 제철, 조선(造船) 등에 투자하여 자립 경제를 달성하기 위한 기반을 만들겠다고 하였습니다. 그런데 그 돈을 어디서 구할 것인지에 대해서는 별다른 계획이 없었습니다.

군사 정부는 투자 자금을 마련하기 위해 전격적으로 통화 개혁을 실시하였습니다. 민간에 숨어 있는 여유 자금을 찾아내서 산업 자금에 돌리려 했던 것이지요. 하지만 시장의 혼란만 일으키고 자금을 만드는 데는 실패했습니다. 외국에서 차관을 들여오는 기업에 정부가 지불 보증을 서 주겠다고 하였습니다. 하지만 미국의 원조로 나라 살림을 꾸리는 후진국 기업에 돈을 빌려줄 외국의 금융기관은 없었습니다. 투자 자금을 만드는 방법은 제 힘으로 수출을 늘려 달러를 벌어들이는 방법밖에 없었습니다. 그래서 제1차 개발 계획은 수출 증대에 역점을 두었습니다.

제1차 개발 계획은 1963년의 수출 목표를 7,170만 달러로 정했습니다.

한국의 수출 구조 변화

(단위: %)

	1962	1972	1980	1990	2000	2010
1차 산품	72.3	11.1	7.7	5.0	2.8	2.5
공산품	27.7	88.9	92.3	95.0	97.2	97.5
경공품	–	67.4	48.4	38.5	16.2	6.3
중화학 공업	–	21.5	43.9	56.6	81.0	91.2
IT	–	–	–	14.4	32.0	27.1
기타	–	–	–	42.2	49.0	64.1

자료: 한국개발연구원, 「한국경제 60년사」, 2010: 한국무역협회.

그나마 수출 품목은 쌀, 김, 텅스텐과 석탄 등 1차 산업 품목들이 73%로
서 대부분을 차지했습니다. 그런데 그해 8,680만 달러의 수출을 달성했
습니다. 목표를 크게 뛰어넘는 액수였지요. 게다가 수출품목도 공산품
이 3분의 1을 차지했습니다. 공산품이 단숨에 한국 경제의 수출 주력 상
품으로 떠오른 것입니다. 박정희 정부는 기대하지 않았던 엉뚱한 곳에서
경제 개발에 꼭 필요한 달러를 벌어들이게 되었습니다.

공산품 수출의 '삼총사'는 철강재, 합판, 면포(綿布)였습니다. 이들 산
업이 어느 날 갑자기 수출할 수 있게 된 것은 아닙니다. 이들 산업은 1950
년대 이승만 정부의 적극적인 재정 지원으로 뿌리를 내린 다음, 안간힘
을 써서 수출 시장을 개척해온 공업들입니다. 철강업과 면방직 공업의 경
우, 1957년경 전쟁 피해의 복구가 끝난 후 시설 과잉에 빠지게 되었지요.
그때 국내 철강업자들과 면방직업자들은 이 문제를 해결하기 위해 적극
적으로 해외 시장을 개척하였습니다. 합판회사는 유엔군에 납품했던 실
적을 바탕으로 1960년부터 미국에 수출을 시작했습니다. 이런 노력들이
1963년에 이르러 이른바 대박을 터트린 것입니다. 그런 점에서 보면 한
국 경제의 고도 성장은, 이승만 정부가 애써 뿌린 씨앗으로 박정희 정부

가 열매 맺게 한 것입니다. 박정희 정부의 성공은 이승만 정부가 닦은 기초 위에서 이룩할 수 있었지요. 그 모두가 연속적으로 또는 단계적으로 진행된 나라 만들기의 역사였습니다.

한국이 공산품 수출 실적을 높일 수 있었던 데는 일본 경제의 동향 변화도 영향을 끼쳤습니다. 1956년 일본은 전후 복구를 마치고 중화학공업화를 추진하고 있었습니다. 1964년 도쿄 올림픽을 앞둔 일본 경제는 고도 성장을 거듭했습니다. 그에 따라 일본 경제에는 몇 가지 문제가 생겼습니다. 노동력이 부족하고 임금 수준이 높아진 것입니다. 일본은 더 이상 노동 집약적 경공업에서 경쟁력을 가질 수 없게 되었지요. 일본의 수출품은 **경공업*** 제품에서 기술 집약적 **중화학공업*** 제품으로 바뀌었습니다. 그러한 변화는 한국의 경공업 제품이 국제 시장에서 일본 제품을 따라잡는 데 큰 도움이 되었습니다.

또 새로운 생산 입지(立地)가 필요했던 일본의 경공업은 한국을 가장 알맞은 나라로 여겼습니다. 한국의 값싸고 풍부한 양질의 노동력이 일본의 자본을 끌어들였지요. 일본에서 성공한 교포 기업가들은 조국의 활발한 경제 개발 소식을 듣고 자진해서 공장을 한국으로 옮기기도 했습니다.

이와 같은 나라 안팎의 경제 동향은 박정희 정부의 갈 길을 뚜렷하게 밝혀주었습니다. 박정희 정부는 주저하지 않고 제1차 개발 계획을 고쳤습니다. 공산품 수출을 증강하는 방향으로 말이지요. 그 결과 1964년에는 "수출만이 살 길이다"라는 수출제일주의가 정부는 물론 민간에도 널리 퍼지게 되었습니다.

*경공업(輕工業)
크기에 비해 무게가 가벼운 물건을 생산해내는 공업. 생산 과정이 복잡하지 않고 손재주나 세심한 주의력 등을 가진 노동력을 필요로 하는 공업을 말하기도 한다. 식료품·섬유·종이·인쇄·피혁 등 소비재 공업이 여기 속한다.

*중화학공업(重化學工業)
중공업은 크기에 비해 무게가 무거운 생산품을 만드는 산업을 말한다. 철강·기계·비철금속·펄프 공업 등이 여기 속한다. 중화학공업은, 중공업에 전기·석유와 같은 에너지 산업, 중요 화학 공업을 포함하여 일컫는 말이다.

진통 끝에 이뤄진 한일 국교 정상화

경제 개발 계획을 세우고 추진하는 과정에서 기업가들은 자연스럽게 군사 정부의 국정 파트너가 되었습니다. 그동안 기업가들은 나라 안팎의 어려운 환경에서 무역에 종사하고 공장을 움직여 왔지요. 그 경험 덕분에 기업가들은 국가 경제를 발전시킬 구체적인 정보와 실질적인 행동 계획을 가지고 있었습니다. 박정희 정부는 그들의 조언에 귀를 기울였습니다.

기업가들은 박정희 대통령에게 일본과의 국교를 하루빨리 정상화할 것을 요청했습니다. 한일 국교 정상화가 이뤄져야 한국의 풍부한 노동력과 일본의 우수한 기술력을 결합하여 외국 시장에 경쟁력 있는 공산품을 수출할 수 있다는 것이었습니다.

박정희 정부 이전에도 한일 국교 정상화를 위해 노력을 안했던 것은 아닙니다. 1951년 10월 미국의 강력한 권고로 일본과의 회담이 시작되었습니다. 하지만 두 나라가 정식으로 국교를 맺기까지는 14년이나 걸렸습니다. 회담도 1,200여 차례나 열렸지요. 회담에서 입장이 좁혀지지 않았던 부분은 재일 교포의 법적 지위, 일본에 대한 배상 청구권, 동해상의

▶ 한일협정 조인식
1965년 6월 22일 일본 총리관저에서 열린 한일협정 조인식. 대한민국은 그해 8월 국회의 비준을 얻어 일본과 정식으로 국교를 맺었다.

어업권 등이었습니다. 한국은 일본의 식민 지배 때문에, 또 전쟁 뒤처리를 하느라 피해를 입은 22억 달러를 배상하라고 청구했습니다. 하지만 일본은 그 근거를 인정하지 않았습니다. 오히려 자신들이 한국에 남기고 간 재산을 찾아가겠다며 청구권을 주장했습니다.

1953년 10월에 열린 제3차 회담은 정말 최악의 만남이었습니다. 일본 측 대표 구보다(久保田貫一郎)가 해서는 안 되는 망언(구보다 발언)을 한 것입니다.

"일본의 지배는 한국의 발전에 도움이 되었다. 또 일본이 아니었더라도 한국은 중국이나 러시아의 지배를 받았을 것이다."

이 발언으로 회담이 중단되었습니다.

회담이 다시 열린 것은 1957년 말이었습니다. 일본이 구보다 발언을 취소하고 한국에 대한 청구권을 포기한 덕분이지요. 그런데 일본 정부가 재일 교포를 북한으로 보내자 회담은 다시 중단되었습니다.

박정희 대통령은 일본과의 국교 정상화가 반드시 필요하다고 생각했습니다. 그래서 1962년 11월 중앙정보부장 김종필을 일본에 보냈습니다. 김종필은 일본의 외무부 장관인 오히라(大平正芳)와 비밀 회담을 했습니다. 그리고 두 나라의 국교 정상화에 관한 전반적인 타협에 성공했지요.

청구권 문제는 일본이 10년에 걸쳐 한국에 3억 달러의 무상 원조와 2억 달러의 공공 차관을 제공하는 것으로 마무리 지었습니다. 또 일본이 3억 달러의 상업 차관을 주선할 것도 약속했습니다. 어업권 문제에 대해서는 **전관 어업 수역*** 12해리 밖에 **공동 규제 수역***을 설정하기로 합의했습니다. 이로써 1952년에 그어진 이승만 라인이 없어졌습니다.

이와 같은 일이 알려지자 야당과 대학가에서는 크게 반발했습니다. 굴

*전관 어업 수역

가까이 있는 나라가 배타적 어업권을 가지고 있는 바다의 구역. 배타적 어업권이란 해당 나라만이 그 수역에서 고기잡이를 할 수 있는 권리이다. 유엔 해양법협약은 어업 전관 수역(배타적 경제 수역)의 범위를 영해가 시작되는 선으로부터 200해리 이내에서 결정하도록 규정하고 있다. 대한민국이 어업에 관해 일본과의 외교 관계에서 배타적 관할권을 행사하는 수역은 1965년 6월 조인된 한일어업협정에 의해, '대한민국의 연안의 기선을 기준으로부터 측정하여 12해리까지의 수역'으로 되어 있다.

*공동 규제 수역

영해 시작 선으로부터 12해리의 한국 전관 수역 밖에 설정된 한국과 일본 두 나라의 공동 어업 수역. 1965년에 체결된 한일어업협정에 의하여 지정되었다. 이 수역에 대해서는, 수산 자원을 보호하고자 연간 어획량을 제한하는 등 한일어업공동위원회가 규제 조치를 하고 있다.

욕 외교라는 것이지요. 서울에서는 4 · 19 이후 최대의 군중 시위가 일어
났습니다. 박정희 대통령은 계엄령을 선포하여 이를 진압하였습니다. 이
런 상황에서 1965년 6월 일본과의 국교 정상화를 위한 한일협정이 마침
내 조인되었습니다. 또 그해 8월 어렵게 국회의 비준도 얻어 일본과 정
식으로 국교를 맺게 된 것입니다.

한일협정 후 한국 경제는 세계의 자유 무역 체제에 참여하게 되었습니
다. 이를 위해서는 환율 정책을 국제 기준에 맞게 설정해야 했습니다. 이
승만 정부 이래로 한국은 원화를 낮게 두는 저환율 정책을 지켜왔습니다.
그런데 박정희 정부는 저환율 정책을 포기했지요. 1960년 1달러에 65원
하던 환율이 1965년 270원까지 올랐습니다. 환율이 낮으면 외국에서 부
품과 원료를 수입하여 나라 안에서 공장을 돌리는 데 유리합니다. 하지
만 이런 경우 수출에는 불리하지요. 박정희 정부는 수출에 유리한 쪽으로
정책의 방향을 두었기 때문에 환율을 국제 수준에 맞게 현실화한 것입니
다. 또 한일협정을 전후하여 여러 가지 무역 제한 정책을 거의 다 없앴습
니다. 한국 경제는 이같이 무역 자유화와 환율 현실화에 대한 노력을 인
정받아 1967년 세계무역기구인 GATT에 가입하게 되었습니다.

● 발전 국가 체제로 움직인 한국 경제

한일협정이 맺어진 즈음 박정희 정부는 베트남 전쟁에 군대를 보낼 것
을 결정했습니다. 한국 군대는 1964년 9월부터 베트남에 가기 시작하
여 1973년 철수할 때까지 약 31만 2천여 명의 전투병이 베트남에 갔습
니다.

▶ 베트남 파병
한국은 1964년 9월부터 1973년 철수할 때까지 연간 약 32만 명의 군인을 베트남에 보냈다. 사진은 부산항 부두에서 열린 맹호부대 환송식.

　박정희 대통령은 두 가지 목적으로 베트남 파병(派兵)을 결정하였습니다. 무엇보다 중요한 것은 한국의 국가 안보에 대한 생각이었지요. 베트남 전쟁에 참여하겠다고 미군의 일부가 한국에서 빠져나가는 명분을 미리 막기 위해서였습니다.

　다른 한 가지 목적은 경제적인 것이었습니다. 미국은 한국군의 파병에 따른 모든 비용을 부담하였습니다. 뿐만 아니라 베트남에서 시행되는 건설 및 구호 사업에 필요한 물자와 용역도 한국에서 사간다는 약속을 하였습니다. 전쟁에 참가한 동안 한국은 베트남과의 무역에서 2억8,300만 달러를 벌어들였습니다. 또 베트남에 파견된 군인·노무자의 봉급과 기업이 벌어들인 이익은 그 금액의 세 배 가까이 되었습니다.

　한일협정을 맺고 베트남에 군대를 보냄으로써 박정희 정부는 수출에

▶ 한국과학기술연구소(KIST)
정부는 제2차 개발 계획과 제3차 개발 계획 시기에 과학, 기술의 발전에도 많은 힘을 기울였다. 사진은 한국과학기술연구소 창립 기념식의 모습.

온 힘을 쏟을 수 있는 국제 정치와 국제 경제의 환경을 만들 수 있었습니다. 우선 한국은 주요 우방과 확고한 유대 관계를 이뤘습니다. 또 일본에서 수입한 원료와 중간재를 국내에서 가공하여 미국으로 수출하였습니다. 이 같은 국제 시장의 연관 관계는 1972년까지 한국 경제를 고도 성장으로 이끈 가장 중요한 힘이 되었지요.

이후 한국 경제는 빠른 속도로 성장했습니다. 그 속도는 상상을 뛰어넘을 정도였지요. 제1차 개발 계획의 연평균 경제 성장률 목표는 7.1%였는데 결과는 7.8%의 초과 달성이었습니다. 제2차 개발 계획 때는 연평균 9.6%의 성장을 했습니다. 당시에는 유리한 국제 환경뿐만 아니라 정부가 중심이 되어 구축한 효율적인 제도와 정책 체계가 있었습니다. 이것을 발전 국가 체제라고 부르지요. 박정희 대통령을 중심으로 한 한국의 발전 국가 체제는 다음과 같은 특징을 보였습니다.

첫째, 경제 성장에 필요한 투자 자금을 정부가 조성하고 전략적으로 나누었습니다.

둘째, 정부는 수출 실적을 기준으로 자금을 배분하였습니다. 그래서 낭비와 비효율, 부정부패를 줄일 수 있었지요.

셋째, 선진 기술과 고급 인력도 정부가 주도적으로 공급하였습니다. 정부는 제2차 개발 계획과 제3차 개발 계획 시기에 많은 기능공과 기술공을 키워내겠다는 계획을 세웠습니다. 그 결과 기술학교, 전문학교 등의 교육 기관과 직업 훈련소를 통해 30여만 명의 기술 인력을 키워냈지요. 또 정부는 과학, 기술의 발전에도 많은 힘을 기울였습니다. 미국의 원조를 받아 한국과학기술연구소(KIST)를 설립하였고 외국에 있는 우수한 한국인 과학자를 특별 대우로 데려오기도 했습니다.

넷째, 한국의 발전 국가 체제는 개발 계획을 세우고 집행하는 데 뛰어난 능력을 보였습니다. 정부는 5년 단위로 개발 계획을 세웠지만 이 계획이 사회주의 계획 경제에서처럼 명령적인 것은 아니었습니다. 다만 정부가 어디로 가고 있다는 것을 민간에게 알리는 정도의 역할을 했지요. 기업 등 **시장 주체***들이 그 계획에 따라 그들의 시장 활동을 펼칠 수 있도록 길을 이끌어준 것입니다.

자립 경제를 위한 기간산업 확충

박정희 정부는 수출 증대뿐만 아니라 기간산업을 확충하는 데도 많은 노력을 기울였습니다. 기간산업은 정유, 비료, 석유 화학, 제철 산업 등으

*시장 주체

경제 주체. 자신의 판단에 따라 경제 행위를 하는 존재. 가계, 기업, 정부가 대표적이다. 가계는 만족을 얻기 위해 경제 활동을 하며 비용은 가능한 한 적게 들이려 하는 소비 주체이다. 기업은 최소한의 비용으로 최대의 이윤을 얻으려는 생산의 주체이다. 정부는 가계와 기업으로부터 거둬들인 세금으로 경제 활동을 하며, 생산의 주체인 동시에 소비의 주체이다.

로, 다른 산업을 발전시키는 데 기초가 되는 산업을 말합니다. 이런 기간 산업이 잘 갖춰져 있어야 수출 공업에 필요한 원자재와 중간재를 수입하지 않고 국내에서 마련할 수 있지요. 이는 한국 경제의 자립을 위해 가장 중요한 조건이었습니다.

또 박정희 대통령은 제2차 개발 계획에 경부고속도로 건설을 포함했습니다. 고속도로 건설에는 많은 사람이 반대했습니다. 1969년 정부 예산의 13%나 되는 큰돈이 들었기 때문입니다. 하지만 경부고속도로 건설 사업은 계획대로 추진되었지요. 1970년 7월에 완공된 경부고속도로는 전국을 하루 생활권으로 묶어주었습니다. 초기 10년 동안 화물 수송이 열여섯 배나 늘어나면서 경부고속도로는 한국 경제의 대동맥이라는 이름을 얻었습니다.

종합 제철소 건설 계획은 제1차 개발 계획에 담겨 있었습니다. 하지만 자금이 없어서 제철소를 짓지 못하고 있었지요. 산업이 발전할수록 철강재는 더욱 많이 필요한데 대부분 일본에서 수입해서 쓸 수밖에 없었

▶ 경부고속도로 개통
총 길이 428Km의 서울–부산 간 도로가 착공 2년 5개월 만인 1970년 7월 7일 개통됨으로써 전국을 1일 생활권으로 만들었다.

습니다. 박정희 대통령은 제2차 개발 계획에 제철소 건설을 다시 한 번 포함했습니다. 하지만 자금을 구하는 상황은 나아지지 않았습니다. 제철소는 시급하게 필요한데 자금과 기술을 구할 길이 없었지요. 그래서 박정희 대통령은 1965년 한일협정에 따라

▶ 포항제철 기공식
1970년 4월 포항종합제철소 기공식에 참석한 박정희 대통령과 박태준 사장, 김학렬 경제기획원 장관. 포항제철의 성공적인 건설과 사업 확장은 이후 중화학공업화를 추진하는 데 중요한 기반이 되었다.

일본에서 들어올 예정이던 청구권 자금의 일부를 제철소 짓는 데 쓰기로 했습니다. 일본 정부는 그에 대해 동의하고 한국 경제의 발전을 돕는 취지에서 기술 자문까지 제공했지요. 그렇게 일본의 협력을 얻어 1970년 4월 포항종합제철소가 착공되었습니다. 포항제철의 성공적인 건설과 사업 확장은 이후 중화학공업화를 추진하는 데 중요한 기반이 되었습니다.

2.
산업과 사회발전을 함께 이뤄내다

1973년 1월 박정희 대통령은 중화학공업화를 선언하였습니다. 중화학공업화의 배경에는 자주국방에 대한 의지가 담겨 있었습니다. 1968년 이래 북한의 군사적 도발은 더 잦아지고 정도도 심해졌습니다. 그런데다 1969년 미국의 닉슨 대통령은 장차 동아시아에서 점진적으로 물러나겠다는 닉슨독트린을 발표했지요. 이런 상황에서 박정희 대통령은 한국 안보는 스스로 책임질 수밖에 없으며 이를 위해서는 국력을 조직화하고 온 국민의 능력을 극대화하여 나라의 힘을 키워야 한다고 생각했지요. 그 첫번째로 중화학공업화 추진이 시급하다고 판단했습니다.

뿐만 아니라 산에 나무를 심고 4대강 유역을 정비하는 등 국토 종합 개발 계획을 실시하였습니다. 특히 경제 개발의 우선 순위에서 밀려 있었던 농업과 농촌의 개발에 힘을 집중하기 시작했습니다. 이것이 1971년에 시작된 새마을 운동입니다. 박정희 정부는 짧은 시간 안에 공업과 농업·국토와 사회의 발전을 함께 이뤄냈습니다. 그 과정에 어떤 일들이 일어났을까요?

10월 유신과 함께 시작된 중화학공업화

1972년 10월 박정희 대통령은 **10월 유신***이라는 또 한 번의 정변을 일으켰습니다. 10월 유신으로 대통령은 어떠한 국가 기구의 통제도 받지 않는 절대 권력자가 되었습니다. 박정희 대통령은 국회를 해산하고 모든 정당과 정치 활동을 금지한 상태에서 헌법을 개정했습니다. 국민투표를 통해 확정된 새로운 헌법(유신헌법)은 박정희 대통령의 종신 집권을 보장하는 것이었습니다.

10월 유신의 정치적 배경에는 1960년대 말부터 심각해진 군사 안보의 위기가 있었습니다. 미국이 동아시아에서 손을 뗀다고 선언한 그때 자주국방은 너무도 절실한 과제였지요. 자주국방을 위해서는 중화학공업화가 우선적으로 이뤄져야 했습니다.

또 야당과의 경제관에 대한 차이와 갈등도 배경이 되었습니다. 야당은 1967년과 1971년의 대통령 선거에서 박정희 대통령의 수출 주도형 개발 정책을 비판했습니다. 그들은, 해외 수출 시장이 아니라 국내 시장을 무대로 하고, 대기업이 아니라 농업과 중소기업을 우선적으로 발전시키자는 개발 정책을 내세운 것입니다. 이것이 '**대중경제론***(大衆經濟論)'입니다.

자주국방과 수출 100억 달러라는 목표를 눈앞에 두고 있던 박정희 대통령은 대중경제론을 받아들일 수 없었지요. 그런데 정권이 교체되면 개발 정책의 방향이 근본적으로 달라져 자칫하면 지난 10년 동안 쌓아온 고도 성장의 체제가 해체될 상황이었습니다. 이런 요인들을 배경으로 박정희 대통령은 10월 유신을 선언했습니다.

*10월 유신

1972년 10월 17일 박정희 대통령은 전국에 비상계엄을 선포하며 국회를 해산하고 모든 정당 및 정치 활동을 중지시킨다는 헌법 개정을 선언했다. 박정희는 기존 체제로는 국제 정세의 변화와 북한과의 대결에서 적절히 대응할 수 없다는 것을 이유로 내세웠다. 국민투표를 통해 확정된 유신헌법은 통일주체국민회의가 대통령을 간접 선출하고 선출된 대통령은 어떤 기구의 통제도 받지 않는 절대 권력을 탄생시켰다. 박정희의 종신 집권이 사실상 보장되었으나 그가 시해됨으로써 7년 만에 폐기되었다.

*대중경제론

1971년 대통령 선거에서 야당의 김대중 후보는 박정희의 수출주도형 정책을 비판, 대중경제론을 공약으로 내세웠다. 수출주의는 자본가와 대기업 위주의 경제로 대중은 성장의 과실로부터 소외되어 있으며 빈곤으로부터 벗어날 수 없으니 수출보다는 국내 시장을 확대해야 하며 노동자 농민의 연대를 통한 대중경제를 지향해야 한다고 역설했다.

1972년 10월 유신 때 연세대학교에 진입하는 계엄군의 모습.

1973년 6월에 발표된 중화학공업화 계획에서는 철강, 비철금속(非鐵金屬), 기계, 조선, 전자, 화학 공업을 6대 전략 업종으로 정했습니다. 또 1981년까지 1인당 국민소득 1,000달러와 수출 100억 달러를 달성하자는 목표도 제시했지요. 그런데 산업혁명 이래 선진국이 독점해 온 중화학공업에 한국 같은 후진국이 경쟁력을 갖기는 어려워 보였습니다. 모험적인 투자였기 때문에 그에 따른 비용도 적지 않았습니다.

하지만 박정희 대통령은 10월 유신이라는 정변을 일으키면서까지 자신의 신념을 끝까지 밀고 나갔습니다. 나라 안팎에서 반대에 부딪힌 박정희 대통령은 청와대 안에 중화학공업화추진기획위원회를 만들었습니다. 그리고 유신 체제로, 정치가 경제에 개입하고 간섭할 수 있는 모든 길을 가로막았습니다.

중화학공업화는 우수한 민간 기업이 주체가 되어 추진되었습니다. 기업가들은 정부의 강력한 정책 의지에 밀려 점차 적극적으로 참여하기 시작했지요. 기업뿐만 아니라 수많은 국민도 이 정책에 동원되었습니다.

정부는 19개 기계공고 학생들에게 학비를 면제해주고 장학금과 기숙사를 제공하며 기능공을 양성했습니다. 그들은 졸업과 동시에 중화학공업 부문 대기업에 경쟁적으로 선발되었습니다.

오일 쇼크의 위기 뒤에 찾아온 중동 건설 붐

중화학공업화는 빠른 시간 안에 여러 가지 실적을 거두었습니다. 조선 공업이 그 좋은 예였지요. 현대그룹 정주영*(鄭周永) 회장은 박정희 대통령의 강권에 못 이겨 1973년 현대조선중공업을 만들었습니다. 최초로 주문받은 배는 그리스 선주의 유조선 두 척이었습니다.

현대조선은 도크에서 블록을 조립하는 방식을 덴마크로부터 들여와

▶ 정주영(鄭周永, 1915~2001)
강원도 홍천의 가난한 농가에서 출생. 호는 아산(峨山). 현대그룹 창업자. 1938년 미곡상 경일상회를 열었으며 1945년까지 자동차 수리업, 화물운송업에 종사하다 1950년 현대건설을 설립. 경부고속도로 건설에 적극 참여하고 박 대통령의 권유로 현대조선소를 건설. 1976년 한국 최초 고유 모델 자동차인 포니를 생산. 1977년 전경련 회장에 선출되었으며 1992년 대통령 선거에 출마, 낙선하였다. 이후 대북 협력 사업에 열의를 보이기도 했다.

▶ 현대조선소
현대조선은 설립된 지 3년 만에 고유 모델의 조선 능력을 확보할 수 있게 되었다. 사진은 현대조선소 도크의 모습.

*산업 보국(産業輔國)

산업을 잘 키워 경제 발전의 힘으로 나라를 지킨다는 뜻.

▶ 이병철(李秉喆, 1910~1987)

호는 호암(湖巖). 경남 의령의 지주가에서 출생하였다. 1930년 일본 와세다 대학에 입학했으나 1931년 병으로 중퇴하였다. 1934년 기업가의 길을 걷기 시작하여 1945년까지 정미소, 양조장 등을 경영하였다. 1938년 대구에서 삼성상회를 설립, 1941년에는 주식회사로 개편하였다. 해방 후 1948년 무역회사 삼성물산을 창업하였다. 1953년 제일제당을 설립하여 중흥의 발판을 마련했으며, 1954년 제일모직 설립, 1957년 한일은행 인수, 1958년 삼척시멘트 인수 등으로 한국 최대의 자산가가 되었다. 5·16 이후 군사 정부에 의해 부정 축재자로 몰렸으나 곧바로 회복되고, 1961년 한국경제인협회를 설립하고 초대 회장에 취임하였다. 이후 방송국, 신문사, 병원, 제지 공장 등 수많은 사업을 개척하였다. 1967년 밀수 사건으로 한국비료(1964년 설립)를 국가에 헌납한 뒤 박정희 대통령과 불화하였다. 1969년에 삼성전자를, 1974년에 삼성중공업을 설립하였다. 1978년 한국반도체를 인수하여 삼성반도체를 설립함으로써 오늘날 한국의 전자 산업과 반도체 산업을 개척하였다.

배를 만들기 시작했습니다. 그런데 영국에서 설계도를 만들었기 때문에 설계도와 건조 기술이 어긋나서 문제가 발생했습니다. 현대조선은 일본 가오사키(川崎) 중공업에 도움을 요청했습니다. 당시 일본의 조선 공업은 세계 최고였지요. 현대조선은 영국, 덴마크, 일본의 기술자들이 교묘하게 견제하는 가운데 자신만의 설계와 건조 기술을 키울 수 있었습니다. 그리하여 현대조선은 설립된 지 3년 만에 고유 모델의 조선 능력을 확보할 수 있게 되었습니다.

중화학공업화가 성공할 수 있었던 가장 기초적인 조건은 우수한 인적 자원이었습니다. 개발 계획 기간에 수많은 기술자와 숙련공이 양성되었고 이들은 정부의 '산업 보국*(産業輔國)'의 이념을 공유했습니다. 그 가운데 외국의 선진 기술을 들여다 배우고 한국에 맞게 개선하는 데 최선의 능력을 발휘한 것입니다. 이병철*(李秉喆) 등 대기업의 최고 경영자들도 대통령의 '조국 근대화' 이념과 개발 정책에 발을 맞췄습니다. 그래서 '산업 보국'을 위해 최고 경영자는 근면, 의지, 능력이라는 미덕을 발휘하였지요.

연간 경제 성장률은 1978년까지 10.1%~12.6%에 이르는 높은 수준을 유지했습니다. 오일 쇼크가 있었던 1974~1975년 사이에 잠시 주춤했을 뿐이지요. 특히 중화학공업을 비롯한 제조업의 성장이 두드러졌습니다. 1979년 공산품 수출에서 중화학 제품이 차지하는 비율은 48%에 달했습니다. 이 정도 변화는, 선진국에서는 적어도 수십 년, 많게는 100년 이상 걸려 이룰 수 있었던 것입니다. 1인당 국민소득 1,000달러, 수출 100억 달러의 목표도 계획보다 4년이나 앞서 달성했습니다.

앞에 얘기한 오일 쇼크는 1973년에 일어났습니다. 국제 석유 값이

네 배 이상 크게 뛰어오른 것입니다. 오일 쇼크 때문에 한국 경제는 커다란 시련을 겪게 되었습니다. 하지만 중동 건설 붐이라는 선물을 받을 수 있었지요. 석유 값이 오르자 중동에는 오일 머니가 쌓이기 시작했고 이를 바탕으로 중동 지역에서 건설 붐이 일어난 것입니다.

▶ 중동 건설
1973년에 일어난 오일 쇼크 때문에 한국 경제는 커다란 시련을 겪었지만 중동 건설 붐이라는 선물을 받을 수 있었다. 1975~1979년 사이 중동 건설로 한국 경제가 벌어들인 돈은 같은 기간 총 수출액의 40%에 가까운 막대한 금액이었다. 사진은 1976년 현대건설이 수주, 건설한 사우디 아라비아 주베일산업항.

한국의 건설업은 중동에 진출했습니다. 사막이라는 열악한 환경에서도 한국의 경영자와 노동자는 놀라운 정도로 부지런히 일했지요. 1975~1979년 사이 중동 건설로 한국 경제가 벌어들인 돈은 같은 기간 총 수출액의 40%에 가까운 막대한 금액이었습니다.

산림녹화와 다목적 댐의 건설

해방 이후 남한의 산림은 급속히 황폐해졌습니다. 사람들은 산의 나무를 마구 잘라다 연료로 사용했습니다. 북한으로부터 석탄의 공급이 끊기면서 연료가 부족해졌기 때문입니다. 그런데 정치와 사회가 혼란하여 나무 자르는 것을 막을 수 없었지요. 또 6·25전쟁도 산림을 황폐하게 만들었습니다. 그러다 보니 산은 모두 나무가 없는 벌거숭이 붉은 산이 되었고 그로 인해 매년 가뭄과 홍수의 피해를 입게 되었습니다.

*산림녹화(山林綠化)
나무를 심거나 보호해서 숲이 우거진 산을 만드는 일. 산에 나무가 없으면 가뭄이나 홍수 등 자연 재해를 막을 수 없고 야생 동·식물의 서식처가 사라지게 되어 생태계에까지 영향을 줄 수 있다. 그래서 주택 단지나 도시를 조성할 때 주변 숲의 보전을 의무화하는 등 숲을 훼손하지 않으려는 노력을 계속하고 있다.

5·16 이후 군사 정부는 허락 없이 나무를 베는 것을 5대 사회악의 하나로 규정하고 엄격하게 단속했습니다. 정부는, 사람들이 함부로 나무 베는 것을 못 하게 막고 한편으로는 산에 나무를 심는 일에 힘을 쏟았습니다. 1960년대에는 사방(砂防) 사업과 연료림 조성에 중점을 두었습니다. 사방 사업은 모래가 흘러내릴 정도로 심각하게 황폐한 산지에 버팀목 등을 대고 인공으로 숲을 만드는 일입니다. 또 정부는 마을마다 연료로 쓸 수 있도록 숲을 만들었습니다. 빨리 자라는 나무를 재배하여 주민들이 공동으로 베어다 쓰게 한 것입니다. 산림 황폐의 가장 큰 이유가 땔감의 채취였기 때문입니다.

본격적인 **산림녹화***는 1973년부터 두 차례에 걸쳐 시행되었습니다. 1987년 이 사업이 완료되었을 때 전국의 산림은 이전의 벌거벗은 모습이 아닌 울창하고 푸른 숲을 이루게 되었습니다.

산림녹화 사업과 함께 국토 종합 개발 계획도 수립되었습니다. 그 일환으로 4대강 유역 종합 개발이 추진되었지요. 4대강은 한강, 낙동강, 금강, 영산강을 말합니다. 이 사업은 해마다 되풀이되는 가뭄과 홍수의 피해를 근원적으로 막기 위해 시행되었습니다. 가뭄과 홍수를 막아야 식량도 더 많이 생산할 수 있고 생활용수와

▶ 경북 포항시 청하면 이기리의 단계별 치산 모습. 윗쪽은 숲을 만드는 사업이 시작되기 전인 1975년, 가운데는 조림 2년 후, 아랫쪽은 10년 후의 모습이다.

▶ 소양강 댐

소양강에 위치한 북한강 유역의 유일한 다목적 댐. 1967년 착공, 6년 만인 1973년에 완공되었다.

*다목적 댐

홍수 조절, 수력 발전, 농업 및 공업 용수 공급 등 여러 가지 목적을 위해 만든 댐.

*하구언(河口堰)

강의 폭과 깊이를 일정하게 유지하기 위하여, 혹은 바닷물이 강으로 거꾸로 흘러드는 것을 막기 위하여 강 하류 부근에 쌓은 댐. 하굿둑이라고도 한다.

공업용수도 부족함 없이 쓸 수 있기 때문입니다.

종합 개발 계획의 중심 사업은 **다목적 댐***을 건설하는 것이었습니다. 한강 유역에는 소양강 댐과 충주 댐이, 낙동강 유역에는 안동 댐과 합천 댐 등이, 금강 유역에는 대청 댐이, 영산강 유역에는 장성 댐과 하구언* 등이 건설되었습니다.

근면 · 자조 · 협동의 새마을 운동

박정희 대통령은 경제 개발로 재정적 여유가 생기자 1960년대 말부터 농업을 지원하기 시작했습니다. 이전에도 정부가 농민들로부터 쌀을 사들일 때 그 값을 해마다 올려주는 등의 노력은 했습니다. 그런데 본격적인 농촌 개발은 1971년 새마을 운동을 통해서 시작되었습니다.

"새벽종이 울렸네, 새 아침이 밝았네 / 너도나도 일어나 새 마을을 가꾸세 ……"

이때부터 새마을 운동 노래가 전국의 농촌에 울려 퍼졌습니다. 이 노래의 가사 중에는 "살기 좋은 내 마을 우리 힘으로 만드세"라는 부분이 있습니다. 박정희 정부가 강조한 새마을 운동의 중요한 정신은 이 가사처럼 마을 공동체 일원이 스스로 마을을 개선하고자 노력을 기울이는 것이었습니다. 그래서 새마을 운동에서는 마을 단위로 지원할 때 전년도의 실적을 기준으로 삼았습니다. 전년도의 실적이 나쁜 마을은 지원 대상에서 제외한 것이지요. 이에 농촌 마을들은 다른 마을에 뒤지지 않으려 단결하고 자진하여 새마을 운동에 참여했습니다.

전국의 마을은 리더십과 공동 사업이 있는가 없는가에 따라 기초 마을부터 자조 마을, 자립 마을로 분류되었습니다. 기초 마을이 가장 후진적인 마을이었습니다. 각 마을에는 그 등급에 맞는 사업이 주어지고 정부의 지원도 그에 맞추어 제공되었습니다. 또한 기초 마을에서 자조 마을로, 자조 마을에서 자립 마을로 승격하기 위해 충족해야 할 기준도 정해져 있었지요. 마을마다 등급이 정해지고 승격 기준이 제시되니 새마을 운동은 들판에 불이 번지듯 전국으로 번져나갔습니다. 이런 분류나 기준이 마을 사이에 경쟁심을 부추겼던 것입니다.

새마을 운동에 의해 전국의 모든 마을은, 마을의 규칙을 따르는 주민 총회로 성격이 바뀌었습니다. 총회는 지도자를 뽑았고 공동 사업을 계획하고 진행했지요. 사업과 관련한 예산과 결산을 심사하였고 남은 돈은 공동 기금으로 저축하였습니다. 또 마을회관, 작업장 등을 공동 명의로 소유하게 되었고요. 주민들은 마을이라는 사업체가 성공하게 하기 위해서 근면 · 자조 · 협동이라는 새마을 정신으로 단결하였습니다. 이 과정에 미신이나 도박, 음주 등의 퇴폐 풍조가 사라졌습니다.

▶ 제주도민들의 새마을 운동
새마을 운동은 정부가 자금과 기술을 지원하고 농민이 노동을 제공하여 농촌 주민의 삶의 질을 향상시키려는 농촌 개발 운동이다. 정부 주도로 시작되었으나 민간의 적극적인 참여와 경쟁 유발적 추진 방식 덕분에 크게 성공했다. 사진은 1972년 제주도민들이 새마을 운동으로 도로 확장 공사를 하는 모습.

새마을 운동은 단지 농어촌의 소득을 늘리고 환경을 개선하는 사업에 그치지 않았습니다. 이는 박정희 대통령이 5 · 16 때 내걸었던 "나라의 부패와 구악을 일소하고 퇴폐한 국민 도의와 민족 정기를 바로잡는다"라는 혁명 공약에 따른 정신 운동이었습니다. 그의 권위주의 통치에 많은 국민이 저항했습니다. 하지만 대다수의 국민은 그가 제창한 새마을 정신에 공감하고 그 운동에는 적극적으로 참여했습니다.

3.
중진국 대열에 진입한 한국 경제

한국 사회는 1950년대까지 전통 농업 사회였습니다. 그때는 농민이 인구의 다수를 차지했지요. 그런데 1990년까지 중산층이 사회의 계층 구조에서 많은 수를 차지하는 근대화된 사회로 바뀌어갔습니다. 1980년대 중반에는 자신을 중산층이라 생각하는 사람이 전체 인구의 75%나 되었습니다. 중산층이 생겨난 것은 정치적 변화에도 커다란 역할을 했습니다. 1980년대 후반에 이르러 오랫동안 존속해온 권위주의 정치 체제를 민주주의 정치 체제로 바꾸는 데는 이 중산층이 근본적인 힘으로 작용했습니다.

함께 발전해나가는 대기업과 중소기업

1979년 10월 26일 박정희 대통령은 중앙정보부장이던 김재규(金載圭)가 쏜 총에 맞아 세상을 떠났습니다. 그로 인해 7년 동안 계속되던 유신 체제가 무너졌습니다. 대통령이 갑자기 세상을 떠난 후 한국은 정치적 혼란과 경제적 불황에 빠졌습니다. 한국 경제가 고도 성장을 시작한 이후 처음으로 마이너스 경제성장률을 기록한 것입니다.

1981년에 들어선 전두환(全斗煥) 정부는, 중화학공업화의 무리한 추진 때문에 유신 체제가 붕괴하고 경제적 혼란이 생겼다고 판단하였습니다. 전두환 정부는 시장 경제의 논리에 따라 경제가 자율적으로 움직일 수 있도록 하였습니다. 정부는 재정을 동결하고 임금 인상을 억제하는 등 안정화 정책을 강력하게 시행했지요. 중화학공업에는 구조 조정을 실시했습니다. 수익성이

▶ 박정희를 암살한 김재규
1979년 10월 26일 박정희 대통령은 중앙정보부장이던 김재규가 쏜 총에 맞아 세상을 떠났다. 사진은 10·26사건의 현장 검증 모습이다.

낮은 기업은 흡수나 합병을 했고 생산 설비를 줄이거나 부실한 기업을 인수한 기업에는 세금을 낮춰주거나 낮은 이자로 자금을 융자해주는 특혜를 베풀었습니다.

전두환 정부는 경제의 자율화를 강조했지만 박정희 대통령이 만든 발전 국가 체제를 충실히 이어받았습니다. 정부가 금융 자원을 배분하는 체제는 중화학공업의 구조 조정 과정에서 오히려 더 심해졌습니다. 전두환 정부는 자동차 산업을 적극적으로 키워나갔습니다. 또 중소기업도 키워주었습니다. 정부는 대기업과 중소기업 사이에 부품을 중심으로 한 계열·하청 관계를 장려하였습니다. 이를 통해 외국에서 중간재와 부품을 수입하던 한국 경제가 국내에서 중간재와 부품을 생산하는 자립적인 구조로 바뀌었습니다. 노동 집약적 경공업에서 수출 가공업에 종사하던 대기업은 자본·기술 집약적 중공업의 대기업으로 탈바꿈했습니다. 그 과정에서 대기업과 중소기업은 생산·부품·기술·디자인 등에서 서로 의존하는 산업 연관의 관계를 맺게 되었습니다.

● 자립 경제를 이루고 중진국 대열에 들어서다

한때 마이너스 성장을 하던 한국 경제는 다시 경제 성장률을 회복하였습니다. 정부의 강력한 구조 조정과 합리화 정책 덕분이었지요. 뿐만 아니라 한국 경제는 1986~1988년에 유례없는 대 호황(3저 호황*)을 이뤘습니다. 1987년의 경제성장률은 무려 12.3%에 달했습니다. 이렇게 대 호황을 누릴 수 있었던 것은 국제 시장에서 저달러, 저유가, 저금리라는 3저 현상이 뒷받침한 덕분입니다.

*3저 호황(3低好況)
1980년대 중반 이후 저금리·저달러·저유가라는 이른바 3저 현상에 힘입어 국제 수지가 흑자로 반전되고 GNP 성장률이 연 10% 이상을 기록하는 등 호황을 누리던 상황.

우선 일본 엔화의 시세가 올라가는 덕에 일본 상품과 치열하게 경쟁하던 한국 상품이 국제 시장에서 유리한 위치를 차지하게 되었습니다. 또 세계적으로 석유 값이 떨어져 석유의 수입 대금을 절약하고 석유를 원료나 중간재로 사용하는 공업 제품의 경쟁력이 강해졌지요. 국제 금리가 낮아져 외국 빚을 많이 지고 있던 한국 경제는 원금과 이자를 갚아야 하는 부담이 훨씬 줄어들었습니다.

3저 호황에 힘입어 1986~1988년 한국의 무역 수지는 흑자로 돌아섰습니다. 1986년은 여러 가지로 한국 경제 역사에 중요한 해였습니다. 이 무렵 국내에서 만들어진 저축만으로 필요한 투자 자금을 충당할 수 있게 되었습니다. 드디어 자립 경제를 이루게 된 것입니다. 이로써 한국 경제는 국제적으로 신흥 공업국으로 불리는 중진국 대열에 합류했습니다.

경제의 고도 성장으로 한국인의 삶의 질은 크게 개선되었습니다. 1961~1987년 전체 인구가 2,576만 명에서 4,162만 명으로 크게 늘었습니다. 그럼에도 1인당 국민소득은 82달러에서 3,218달러로 증가했습니다. 청소년들의 평균 체격이 커졌고 환경이 개선되었으며 교육 수준도 크게 높아졌습니다. 1960년 52.4세이던 평균 수명은 1987년 70세가 되었습니다.

산업화의 물결에 따라 많은 인구가 농촌에서 도시로 이동했습니다. 급속한 인구 이동과 산업화 과정에서 가족의 형태도 달라졌습니다. 한국인의 표준 가족 형태는, 부부와 한 쌍의 자식 부부로 이뤄졌던 직계 가족에서 부부와 미성년 자녀로 이뤄진 핵가족으로 바뀌었습니다. 핵가족으로의 변화는 개인과 여성을 가부장제 가족과 친족으로부터 벗어나게 했습니다. 여성의 발언권이 커졌고 그와 더불어 여성의 사회 진출도 크게 늘었습니다.

박정희 대통령 기념·도서관

이곳에는 조국 근대화에 일생을 바친 박정희 대통령의 업적과 그와 함께 한 대한민국의 발전 모습이 전시되어 있다. 제1전시실에는 박정희 대통령의 업적이 연도별로 전시되어 있고 제2전시실에서는 박정희 대통령 시대 대한민국의 모든 발전 모습을 한눈에 볼 수 있다. 또 제3전시실에는 인간 박정희의 모습을 알 수 있는 자료와 영부인 육영수 여사의 활동 모습, 유품 등이 전시되어 있다.

주소 서울특별시 마포구 월드컵로 386 / Parkchunghee.co.kr
관람 시간 10:00~17:00
휴관일 매주 월요일, 설날 당일, 추석 당일

제5장

'건국'과 '부국'을 거름으로
꽃피운 대한민국

1.
조국 근대화와
함께 출발한
민주화 운동

1960년대는 박정희 대통령을 중심으로 하는 근대화 세력이 개발과 고도 성장을 주도한 시기입니다. 그런가 하면 그에 저항하고 그를 비판하는 민주화 세력이 만들어지고 성장한 시기이기도 합니다. 여러 갈래로 형성된 민주화 세력은 한일 국교 정상화를 반대하고, 대중경제론을 내놓기도 하면서 박정희 정부의 정책을 비판했습니다. 또 이들은 박정희 대통령의 권위주의 체제에 강력하게 저항했습니다. 근대화 세력과 민주화 세력은 서로 불신하고 타협할 수 없는 대립으로 치달았습니다. 하지만 이 두 세력이 1987년 이후 이른바 '민주화 시대'를 이끌어가는 양대 축을 이루었습니다.

여러 갈래로 형성된 민주화 세력

민주화 세력은 여러 갈래로 형성되었습니다. 그중 하나는 옛 민주당 정부의 세력이었습니다. 그들은 쿠데타로 자신들의 권력을 빼앗은 박정희 정부의 정통성을 인정하지 않았지요. "투표에서는 이겼으나 개표에서 졌다." 1963년 대통령 선거에서 패배한 야당의 윤보선 후보는 이렇게 말했습니다. 부정 선거 때문에 자신이 선거에서 졌다고 주장한 것입니다. 또 윤보선은 다음 해 새로 구성된 국회에서 박정희 정부를 또 다른 혁명으로 무너뜨려야 한다고 선동까지 했습니다.

다른 하나의 저항 세력은 좌파 지식인 사회를 기반으로 하였습니다. 그들은 4·19 이후 남북 협상을 추진했다가 실패했지요. 이들 중 옛 남로당 계열은 남한을 공산주의로 만들겠다는 목표로 인민혁명당(인혁당)을 몰래 조직했습니다. 또 다른 계열은 대학생들에게 은밀하게 마르크스·레닌주의를 가르치며 사회주의 이념을 추구했습니다.

근대화 세력에 대한 다른 하나의 저항 세력은 지식인 사회에서 나타났습니다. 이들은 좌우 어느 편도 아닌 중간에 머물면서 현실에 대한 불만과 비판을 자유롭게 펼쳤습니다. 이들의 저항은 주로 문학의 형식을 빌려 표출되었습니다. 그 대표적인 예로 1960년에 발표된 최인훈(崔仁勳)의 소설 〈광장〉을 들 수 있습니다. 〈광장〉은 남한과 북한 모두를 비판하였지만 비판의 현실적 초점은 남한에 맞춰졌습니다. 소설이 남한에서 출간되었으니 어쩔 수 없는 일이었지요. 이 소설에는 해방 후 남한 사회가 인간이 모여 사는 광장이 아니라 짐승이 우글거리는 정글과 같은 것으로 표현되어 있습니다.

반정부 투쟁으로 번진 한일 국교 정상화 반대 시위

5 · 16 직후 대학가의 운동 세력은 군사 정부가 하는 일을 별 비판 없이 지켜보기만 했습니다. 군사 정부가 민족주의 성향을 강하게 내보이며 사회의 여러 가지 잘못을 과감하게 고쳐나갔기 때문입니다. 하지만 그들은 박정희 정부가 일본과 국교를 정상화하고 일본의 자본과 기술을 받아들이려 하자 이를 반대하는 세력으로 돌아섰습니다.

한일 국교 정상화는 박정희 정부가 우방의 정치적 지지를 얻고 경제 개발로 나아가는 길에서 반드시 거쳐야 했던 중요한 관문이었습니다. 그런데 학생 운동 세력과 비판적 지식인, 야당은 국교 정상화를 반대하며 반정부 세력으로 한데 뭉쳤습니다. 국교 정상화의 조건이 굴욕적이라는 것이 그들의 주장이었습니다.

1964년 3월 서울에서 시작된 대학생들의 굴욕 외교 반대 시위는 전국

▶ 김종필과 오히라
한일 국교 정상화에 나선 한국의 김종필 중앙정보부장과 일본의 오히라 마사요시 외무부 장관. 한국 정부는 오랫동안 끌어 온 회담의 어려운 문제들을 한꺼번에 해결하는 데 성공했으나, 한편으로는 굴욕적 밀약이라는 비판을 받았다.

으로 번져나가며 반정부 투쟁으로 바뀌었습니다. 6월 3일에는 4·19 이후 최대 규모의 시위(6·3사태*)가 벌어졌고 시위대는 박정희 대통령의 하야를 요구했습니다.

대규모 시위에 맞서 박정희 대통령은 계엄령을 선포했습니다. 뒤이어 중앙정보부는, 남파 간첩*의 공작으로 만들어진 인혁당*을 적발했다고 발표했습니다. 이 사건으로 50여 명이나 구속되었지요. 박정희 대통령은 야당과 언론의 무책임한 선동으로 학생들이 소요 사태*를 일으켰다고 생각했습니다. 6·3사태를 계기로 박정희 대통령은, 야당을 자신의 근대화 정책을 방해하는 세력으로 여기기 시작했습니다.

정부의 개발 정책을 비판한 대중경제론

1967년 야당은 박정희 정부의 개발 정책을 비판하는 근거를 내놓았습니다. 그 해의 대통령 선거에서 야당은 대중경제론을 공약으로 내세웠습니다. 대중경제론은 당시 한국 경제를 종속* 경제라고 보았습니다. 외국 자본과 국내 대기업이 중소기업, 농민, 노동자를 억압하는 구조라는 것이지요. 대중경제론은, 수출이 국내의 낮은 임금과 낮은 농산물 값을 바탕으로 이뤄진다고 하였습니다. 그래서 수출 주도형 개발 정책을 추진하는 한 노동자와 농민은 빈곤에서 벗어날 수 없고 자립 경제의 길도 멀어진다고 하였습니다.

대중경제론은 부유층의 사치를 막고 재정의 낭비를 없애며 국민 저축을 높여 국내 자본을 최대한 동원해야 한다고 했습니다. 또 그 자본을 농업과 중소기업에 우선적으로 투자하여 국내 시장을 확대해야 한다고 하

*6·3 사태
1963년 6월 3일, 박정희 정부가 추진하는 한일 협상에 반대하여 일으킨 시위.

*남파 간첩(南派 間諜)
남한에 와서 국가의 비밀을 몰래 모아 북한에 제공하도록 북한이 보낸 간첩.

*인혁당(人革黨) 사건
1975년 중앙정보부에 의해 도예종 등은 반공법 위반 혐의로 기소되어 대법원의 사형선고를 받고 18시간 만에 사형이 집행되었다. 2007년 법원은 피고인 8명에게 무죄를 선고했다.

*소요 사태(騷擾事態)
여러 사람이 몰려나와 기물을 부수거나 위협적인 행동을 해서 사회 질서를 어지럽히는 일.

*종속(從屬)
강한 힘을 가진 존재에게서 영향을 받고 그에 복종해야 하는 상황.

였습니다. 나아가 중소기업가, 양심적 지식인, 농민, 노동자가 연대하여 대중민주주의를 발전시켜야 한다고 주장하였습니다.

그러나 대중경제론의 주장은 한국 경제가 고도 성장을 지속하여 중진 경제에 들어서자 그 설득력을 잃었습니다. 대중경제론 자체에 모순이 있었기 때문이지요. 대중경제론은 국내 시장을 토대로 중소기업을 발전시켜야 한다고 했지만 그래서는 국제 경쟁력을 확보할 수 없었습니다. 그들은 한국 경제에서 일어나고 있던 질적인 변화, 즉 수출이 확대되면서 그 원료와 중간재를 공급하는 산업이 건설되고 실질 소득과 실질 임금이 향상되는 등의 현실은 보지 못하거나 외면했습니다. 단지 무역 수지가 악화하고 외국에서 빚을 내야 하는 등의 부정적인 측면에만 관심을 둔 것입니다.

●
다시 나타난 권위주의 체제

1967년 제6대 대통령 선거에서 박정희는 윤보선과 다시 경쟁하게 되었습니다. 윤보선을 간신히 따돌렸던 지난 선거와는 달리 박정희는 큰 표 차이로 선거에서 이겼습니다. 이 결과는, 수많은 국민이 박정희 정부의 개발 정책을 바람직한 것으로 평가했다고 말해주었습니다. 제7대 국회의원 선거에서도 여당인 공화당이 가장 많은 의석을 차지했습니다. 175석 중 129석으로, 이는 개헌에 필요한 의석보다 열세 자리나 많은 수였습니다.

선거에 이긴 박정희는 4년 동안 더 대통령 자리에 있게 되었습니다. 하지만 자신이 할 일에 비해 주어진 시간이 너무 짧다고 여겼지요. 그는 경제 개발이나 자주국방과 같은 국가적 과업은 자신만이 감당할 수 있다고 생각했습니다. 그래서 그는 자신이 한 차례 더 대통령을 할 수 있도록 헌법을 바꾸려고 했습니다. 공화당 안에서도 경쟁이 될 만한 실력자들을 제거했습니다. 1969년 9월 국회에서 공화당은 야당의 반대를 누르고 개헌안을 통과시켰습니다.

한 사람의 대통령이 세 번째로 뽑히는 **3선***을 허용하는 개헌안은 국민투표에서 지지를 받았습니다. 그 과정에서 유권자를 돈으로 사거나 투표 관리가 공정치 못한 일들이 일어났지요. 그렇지만 국민의 절대다수가 지지표를 던진 것은 부정 선거의 결과만은 아니었습니다. 다수의 국민은 '조국 근대화'의 기치를 높이 걸고 수출을 원동력으로 하여 고도 성장을 강력하게 추진하고 있는 박정희 대통령의 개발 정책과 그 성과에 공감하고 있었습니다.

경제 개발에 대한 박정희 대통령의 강한 집념은 또 하나의 카리스마를 만들었습니다. 자신이 가난한 농부의 아들이라는 점도 여기에 한몫을 했지요. 당시 다수의 국민은 이 카리스마를 자발적으로 받아들였습니

▶ 3선 개헌안

1969년 박정희 정권이 정권 연장을 위해 박정희의 3선이 가능하도록 헌법을 개정한 것. 개헌안이 국회에서 변칙 통과된 뒤 국민투표에서 확정됐다. 박정희는 이에 따라 제7대 대통령 선거에 출마. 야당의 김대중을 누르고 당선됐다. 그 후 유신 체제로 장기 집권의 길을 열었다.

다. 하지만 박정희 대통령은 개인적인 카리스마를 바탕으로 이승만 대통령과 마찬가지로 권위주의 체제를 구축하였습니다. 이는 그의 카리스마에 집권 공화당과 정부 조직을 하나로 만드는 정부당 체제가 더해져 만들어진 것입니다.

당시 한국을 둘러싼 대외적 위기는 박정희 대통령의 권위주의 체제가 만들어질 수 있었던 배경이 되었습니다. 그때까지 북한의 군사력은 남한에 비해 강했습니다. 1967년 이후 남한에 대한 북한의 군사적 도발은 더 심해졌습니다. 1968년 1월 북한의 특수 부대가 휴전선을 넘어 청와대 가까운 거리까지 침투하는 사건(1·21사태*)도 벌어졌습니다. 이들은 박정희 대통령을 살해할 목적으로 내려온 것입니다. 또 그해 11월에는 120명의 무장 게릴라가 강원도 **울진·삼척 지역에 침투***했습니다. 또 1969

년에는 미국의 닉슨 대통령이 닉슨독트린을 발표했습니다. 아시아 동맹국들이 자신의 방위를 스스로 책임져야 한다는 내용의 선언이었습니다.

박정희 대통령은 이 같은 위기를 극복하기 위해 자주국방 체제를 강화했습니다. 군대에서 제대한 민간인을 다시 소집하는 **향토예비군***을 만들었고 고등학교와 대학교에서 군사 교육(교련)을 실시하였습니다. 1968년 12월에는 국민교육헌장을 반포하였습니다.

"우리는 민족 중흥의 역사적 사명을 띠고 이 땅에 태어났다. ……"

이렇게 시작되는 국민교육헌장은, 개인이 존재하려면 국가와 민족이 우선적으로 발전해야 한다는 국가주의적 성향을 강하게 드러냈습니다.

1971년 4월 다시 돌아온 대통령 선거에는 젊고 참신한 야당 지도자들이 등장했습니다. 40대 기수론을 내세운 김영삼(金泳三)과 김대중(金大中)이 대표적인 인물입니다. 대통령 선거에서 박정희는 힘들게 승리했습니다. 야당 후보인 김대중은 많은 표를 얻어 박정희의 강력한 경쟁자로 떠올랐습니다. 뒤이은 제8대 국회의원 선거에서는 야당 신민당이 204석 중 89석을 얻었습니다. 신민당은 112석을 얻은 공화당을 긴장하게 만들었지요. 특히 신민당은 도시의 의석 64석 중 47석을 차지했습니다. 민주주의 가치를 교육받은 도시의 중산층은 박정희 대통령의 권위주의 체제를 더 이상 받아들이려 하지 않았습니다.

한편 급속한 경제 개발 과정에서 상대적으로 소외된 노동자와 도시 빈민층도 박정희 권위주의 체제에 저항했습니다. 서울 평화시장의 재단사 **전태일***(全泰壹)이 근로 조건을 개선해달라며 몸에 불을 질러 자살했습니다. 또 서울시가 경기도 광주군으로 이주시킨 도시 빈민도 폭동을 일으켰습니다. 그들은 일자리와 생계 대책을 마련해달라고 요구했지요. 대학가에서는 교련 교육을 없애고 부정부패를 막아달라는 시위가 끊이지 않았습니다.

▶ 전태일(全泰壹, 1948~1970)
봉제노동자로 일하면서 열악한 노동 조건 개선을 위해 노력하다가 "노동자는 기계가 아니다"라고 외치며 분신. 한국 노동운동을 상징하는 인물.

2.
민족 민중주의로 발전한 민주화 운동

박정희 대통령의 10월 유신에 수많은 국민이 반발하였습니다. 그런데 학생과 야당, 재야 세력의 저항과 민주화 요구에 대통령은 탄압으로 맞섰습니다. 이에 민심이 폭발했습니다. 학생 시위에 일반 시민들까지 가세한 더욱 격렬한 소요 사태가 벌어졌습니다. 하지만 정부는 여전히 무력으로 그들을 막으려 했지요. 이런 심각한 사태는 결국 18년에 걸친 박정희 시대의 막을 내리게 했습니다.

유신 체제가 해체된 후에도 민주화 운동은 끝나지 않았습니다. 전두환 정부가 들어서서 강압적인 통치를 했기 때문입니다. 계속된 민주화 운동은 민중·민족주의로 발전하였고 이는 새로운 민족 예술을 탄생시키기도 했습니다. 민주화 운동이 저항에서 예술로 진행하기까지 어떤 과정을 겪었을까요?

유신 체제를 무너뜨린 민주화 투쟁

1972년 박정희 정부는 북한 정권과 대화를 시도하였습니다. 이는 냉전의 긴장이 해소되어가는 세계적인 흐름에 따른 것이었습니다. 박정희 대통령은 그 해 7월 북한과 비밀리에 접촉하여 합의된 내용을 공동 성명(7·4 공동성명)으로 발표하였습니다. 이 성명에는 평화 통일과 민족의 대단결, 상호 비방과 무력 도발 금지 등의 내용이 담겨 있었습니다. 하지만 남북 사이의 대화가 더 이상 앞으로 나아가지는 못했습니다.

앞서 제4장의 '산업과 사회발전을 함께 이뤄내다' 항목에서 이미 언급했지만, 이후 남한에서는 10월 유신이라는 급격한 정치 변동이 일어났습니다. 1972년 10월 17일 박정희 대통령은 전국에 계엄을 선포하여 국회를 해산하고 모든 정당 및 정치 활동을 금지했습니다. 그 후 헌법을 개정할 것을 선언한 것이지요. 기존의 국가 체제로는 국제 정세의 변화와 북한과의 대화에 적절하게 대응할 수 없다는 게 표면상의 이유였습니다. 정부가 마련한 새 헌법은 국민투표를 거쳐 그해 11월 확정되었습니다.

유신 체제는 처음부터 국민들의 지지를 받지 못했습니다. 한국의 국민은 1952년 이후 여섯 차례나 대통령을 직접 뽑은 경험이 있습니다. 그래서 대통령 직선제를 민주주의의 가장 중요한 요건으로 생각하고 있었지요. 그런 국민의 저항은 1973년에 실시된 제9대 국회의원 선거에서 나타났습니다. 이 선거에서 집권 공화당은 39%의 표를 얻었을 뿐입니다. 그럼에도 공화당은 국회에서 다수 의석을 차지할 수 있었습니다. 대통령이 국회의원의 3분의 1을 임명하는 유신 체제 때문이었습니다.

1973년 8월 김대중* 납치 사건이 일어났습니다. 당시 김대중은 일본

▶ 김대중(金大中, 1926~2009)

전남 신안 출생. 1960년 민의원에 당선되었다. 1971년 대통령 선거에서 야당 후보로 출마하여 박정희와 겨루었다. 1973년 중앙정보부 요원들에 의해 일본 도쿄에서 납치되어 서울 자택으로 돌아와 세계의 이목을 끌었다. 1980년 신군부에 의해 내란 음모죄로 체포되어 사형을 선고받고 복역하던 중 1982년 석방되어 미국으로 건너갔다. 1985년 귀국하여 김영삼과 더불어 민주화 운동을 추진하였다. 1987년과 1992년 대통령 선거에 출마했다. 1997년 네 번째로 도전하여 제15대 대통령에 당선되었다. 2000년 6월 북한을 방문하여 김정일 국방위원장과 6·15 남북공동선언을 발표하였다. 이를 통해 한반도의 평화에 이바지한 공로가 인정되어 2000년도 노벨평화상을 받았다.

▶ 김영삼(金永三, 1927~)

경남 거제 출생. 1952년 서울대학교 철학과를 졸업하고 국무총리 장택상의 비서가 되었다. 1954년 26세의 최연소 제3대 민의원에 당선된 후 9선 의원이라는 기록을 세웠다. 1985년 김대중과 함께 민주화추진협의회 공동의장직을 맡았다. 1987년 통일민주당을 창당하여 총재가 되고 12월 제13대 대통령 선거에 출마했다. 1990년 노태우 대통령의 3당 통합에 참여하여 민주자유당의 대표최고의원이 되었다. 1992년 12월 제14대 대통령에 당선되었다.

과 미국에서 유신 체제에 저항하는 정치 활동을 벌이고 있었지요. 그런데 중앙정보부 요원들이 김대중을 일본 도쿄의 호텔에서 납치해 국내로 끌고 와 자택에 가둬버렸습니다. 국민들은 이 사건에 자극받았습니다. 그로부터 유신 체제에 저항하는 학생 시위가 격렬해졌고 종교인, 문인, 언론인이 유신 체제의 철폐를 요구하는 서명 운동을 벌였습니다.

이런 저항을 막기 위해 박정희 대통령은 1974년 1월 긴급조치 제1호를 발동하였습니다. 이때부터 유신 헌법을 비난하거나 그 개정과 폐지를 주장 또는 요구하는 일체의 행위가 금지되었습니다. 그래도 유신 체제에 반대하는 시위는 그치지 않았지요. 그 무렵의 한국 사회는 유신에 대한 저항과 정부의 강경 처벌로 몹시 불안했습니다.

한때 유신 체제에 대한 저항이 사그라지기도 했습니다. 베트남 등 인도차이나 국가들이 공산화된 때문입니다. 베트남과 캄보디아, 라오스 등이 차례로 공산화되는 것을 본 박정희 대통령은 한국도 공산화될 수 있다는 위기감을 가졌지요. 이에 대통령은 1975년 5월 긴급조치 제9호를 발동했습니다. 이 조치는 유신 체제를 비판하는 일체의 행위를 금지하고 법원의 영장 없이 체포하고 가둘 수 있다는 내용을 담고 있었습니다. 박정희 정부는 국민에게 위기감을 불어넣는 데 온 힘을 쏟았습니다. 정부는 국민을 동원하여 전국에서 안보궐기대회를 열었습니다. 또 대학과 고등학교에는 학생회를 없애고 학도호국단*을 만들었습니다.

유신 체제는 1977년 위기를 맞았습니다. 그 해 초에 취임한 미국의 카터 대통령은 한국의 열악한 인권 상황을 비판했습니다. 카터 대통령은 인권을 탄압하는 박정희 대통령을 압박하기 위해 주한 미군을 철수하겠다고 하였지요. 한국 정부와 미국 정부는 심한 갈등을 겪게 되었습니다.

미국 정부의 움직임에 힘을 얻은 저항 세력은 다시 유신 체제를 반대하는 시위를 벌였습니다.

정부는 국민의 민주화 요구를 강경 대응으로 맞섰습니다. 이런 유신 체제에 대해 분노한 국민은 마침내 폭발하였습니다. 10월 중순 김영삼 의원에 대한 국회의원 제명 파동으로 부산에서 일어난 학생 시위는 마산·창원 지역으로 번졌고 수많은 일반 시민이 가담하는 소요 사태로 확산되었지요. 정부는 10월 18일 부산에 계엄령을 선포하였고 10월 20일에는 마산에 위수령*을 내렸습니다.

부산과 마산의 시위 현장을 돌아보고 온 중앙정보부장 김재규는 민심이 이미 등을 돌렸고 유신 체제는 한계에 다다랐다고 판단하였습니다. 김재규는 10월 26일 서울 궁정동의 만찬에서 박정희 대통령을 권총으로 쏘아 시해했습니다. 이로써 유신 체제는 붕괴하였고 18년에 걸친 박정희의 시대도 막을 내렸습니다.

민족적 민주주의를 꿈꾼 박정희

박정희는 민족의 역사를 새롭게 개척하기 위해 소수 엘리트의 지도자 역할이 중요하다고 생각했습니다. 그는 공산주의 세력의 위협을 받고 있는 가난한 후진국에 개인의 자유와 인권을 완전하게 보장하는 서구의 민주주의를 적용하는 것은 아직 이르다고 생각하였습니다. 그가 생각한 한국에 맞는 민주주의는 민족적 민주주의였습니다. 그에게 개인은, 민족과 국가의 발전을 자신의 발전으로 여기는 민족적 개인 혹은 국가적 개인이었습니다.

*위수령(衛戍令)

재해나 비상 사태가 일어났을 때 치안을 유지하기 위해 육군부대가 해당 지역에서 경비를 맡게 하는 대통령 명령. 위수령을 최초로 발동한 것은 1971년 10월 15일이다. 서울에 있는 대학들의 반정부 시위가 격렬해지자 정부는 서울시 일원에 위수령을 발동한 것이다. 이때 열 개 대학에 무장 군인을 머물게 했고 대학에는 휴업령을 내렸다.

박정희 대통령이 지향한 '조국 근대화'는 단지 경제적인 발전만을 위한 것은 아닙니다. 그는 사회와 개인의 근본적인 개조를 추구했습니다. 이 같은 그의 목표는 새마을 운동으로 구체화하였지요. 그는 한국인이 근면 · 자주 · 협동의 정신으로 사회를 잘 통합된 공동체로 만들고 발전시키기 희망하였습니다. 다수의 국민이 박정희 대통령의 이 같은 꿈과 계획을 지지했습니다. 그로 인해 18년에 걸친 그의 권위주의 통치는, 한국인에게 축적되어 있던 성장의 잠재력을 최대로 끌어낼 수 있었고 한국 경제가 중진국으로 진입하는 기적을 이룰 수 있었습니다.

권력의 빈 자리를 노리고 등장한 신군부

▶ 최규하(崔圭夏, 1919~2006)
원주 출신. 정부 수립 후 농림부에서 근무하다가 외무부로 발탁되면서 외교관의 길을 걸었다. 1967년 외무장관이 되었고 1976년 국무총리에 임명되었다. 10 · 26 사건으로 박정희 대통령이 세상을 떠나자 대통령 권한 대행을 거쳐 제10대 대통령에 취임했다.

1979년 10월 27일 새벽, 정부는 제주도를 제외한 전국에 비상계엄령을 선포하였습니다. 그리고 국무총리였던 최규하*(崔圭夏)가 대통령 권한 대행에 취임했습니다. 박정희 대통령의 갑작스러운 죽음으로 권력에 빈자리가 생겼지요. 이 자리를 차지하기 위해 유력 정치인과 군부의 엘리트는 싸움에 휘말렸습니다. 야당에서는 빨리 새 헌법을 만들어 그 헌법에 맞게 대통령을 뽑자고 주장하였습니다. 그러나 최규하는 일단 대통령을 뽑고 그 다음에 새 헌법을 만들겠다고 하였습니다. 결국, 1979년 12월 6일 유신 헌법에 따라 통일주체국민회의는 최규하를 대통령으로 선출했습니다.

당시 계엄사령관은 참모총장 정승화(鄭昇和)가 맡고 있었습니다. 그런데 전두환 보안사령관을 중심으로 '하나회'라는 사조직이 군 내부에서 세력을 형성하고 있었습니다. 이들은 대통령 시해 현장에 있었다는 점을 구실로 정승화를 체포했습니다. 1979년 12월 12일에 일어난 이 사건은 대통령도 국방장관도 승인하지 않은 전두환의 독단적 행동이었지요. 이를 계기로 전두환 보안사령관은 군부의 모든 실권을 손에 넣게 되었습니다. 이렇게 새로 등장한 군부 세력을 '신군부'라 불렀습니다.

1980년 2월 윤보선, 김대중 등 유신 체제에 저항해 온 인사들이 **공민권***을 회복하게 되었습니다. 야당 당수인 김영삼과 오랜 가택 연금에서 풀려난 김대중은 대통령 자리를 두고 경쟁하기 시작했습니다.

봄이 되자 민주화의 요구가 전국을 뒤덮었습니다. 노동 운동도 활발해져 수시로 노동 쟁의가 일어났습니다. 유신 체제에 저항하다 처벌을 받았거나 감옥에 있던 학생들이 대학으로 돌아왔습니다. 학생들은 계엄 해제, 신군부의 퇴진 등을 외치며 시위를 했습니다. 5월이 되어서도 정치 상황이 나아지지 않자 학생들은 학교 밖으로 쏟아져 나왔습니다. 5월 14일과 15일에는 서울역 광장에 10만여 명의 학생이 모였습니다. 시민들은 하루빨리 정치적으로 안정되기를 바라는 마음으로 학생들을 말리지 않았습니다.

*공민권(公民權)
국가적 권리의 측면에서 본 시민권. 시민으로서의 기본 권리와 정치에 참여할 수 있는 권리, 공무원으로 임용될 수 있는 권리 등이 포함되어 있다.

민주주의의 회복을 요구한 5 · 18 광주민주화운동

1980년 5월 17일 신군부는 비상계엄을 전국으로 확대하였습니다. 사회의 불안을 안정시킨다는 이유에서였지요. 신군부는 국회와 정당을 해산하고 모든 정치 활동을 금지하였습니다. 이들은 김대중을 체포하고 김영삼과 김종필을 자택에 가두었습니다. 대학에는 휴교령이 내려지고 계엄군은 대학 교문 앞을 가로막았습니다.

5월 18일 오전 광주광역시 전남대학교 앞, 등교를 막는 계엄군 공수부대원을 향해 대학생들이 돌을 던졌습니다. 느닷없이 돌에 맞아 흥분한 공수부대원은 학생들을 쫓아가 진압봉으로 때리고 잡아갔습니다. 이 소

▶ 5·18 광주민주화운동
광주민주화운동은, 민주주의의 회복을 요구하는 학생과 시민들을 공수부대가 잔인하게 진압하고 그에 따라 인명 피해가 발생한 것에 분노하여 시민들이 무장 항쟁한 사건이다.

식을 들은 전남대 학생 1,000여 명이 모여 계엄 해제를 외치며 파출소를 습격하였지요. 이날 광주 시내에는 악성 유언비어가 퍼졌습니다. 이것이 광주 시민의 감정을 크게 자극했습니다.

다음 날, 분노한 학생들과 시민들은 공수부대에 화염병과 돌을 던지며 격렬한 시위를 벌였습니다. 5,000여 명으로 늘어난 시위대는 공수부대의 장갑차를 빼앗으려 했고 그에 맞서 공수부대 장교가 총을 쏘았습니다. 광주에서 계엄군이 최초로 총을 쏜 것이지요. 이날 시위로 또 한 명의 민간인이 사망했습니다. 부상당한 사람도 수십 명에 달했습니다.

20일 광주시의 상점들은 거의 문을 닫았고 중·고등학교도 임시 휴교에 들어갔습니다. 시내에는 광주 시민들을 자극하는 전단이 뿌려졌습니다.

21일 계엄사령관은 지원 병력을 광주에 파견하여 시 외곽에서 기다리게 했습니다. 가장 비극적인 사태는 이날 오후 한 시경 전남도청 앞에서 일어났습니다. 전남도청을 지키고 있던 공수부대를 향해서 시위대의 장갑차 한 대가 밀고 들어갔습니다. 뒤이어 시위대의 버스가 돌진했습니다. 이에 공수부대 장교들이 차량을 향해 총을 쏘았지요. 또 다른 장갑차 한 대가 돌진해오자 부대원들도 일제히 총을 쏘았습니다. 태극기를 들고 뛰어 나오는 5~6명의 시위대를 향해서도 총을 쏘았습니다. 이날 전남도청 앞에서는 민간인 36명과 군경 3명이 사망하였습니다.

한편 시위대는 광산, 영광, 함평, 화순 등 전남 인근 지방으로 진출하였습니다. 그곳의 경찰서와 예비군 무기고를 습격하여 무기를 빼앗았지요. 계엄군과 경찰은 광주시 외곽으로 철수하고 무장한 시위대는 광주 시내로 돌아와 전남도청을 점거했습니다. 광주 시민들은 날마다 민주주의 수호를 위한 궐기대회를 열어 계엄 철폐, 신군부 퇴진, 김대중 석방 등을 요구하였습니다.

1995년 발표된 '5·18 관련 사건 수사 결과'에 의하면 5월 18일 이래 열흘 동안 광주에서 민간인 166명, 군인 23명, 경찰 4명이 사망하였습니다. 행방불명으로 인정된 사람도 47명에 달했지요. 광주에서 일어난 이 사건은 신군부의 쿠데타에 저항한 민주화 운동이었습니다. 시민들은, 민주주의의 회복을 요구하는 학생과 시민들을 공수부대가 잔인하게 진압하고 그에 따라 인명 피해가 발생한 것에 분노하여 무장 항쟁을 하게 된 것입니다.

●
전두환 대통령의 취임과 제5공화국의 출범

1980년 5월 31일 신군부는 국가보위비상대책위원회(국보위)를 조직하였습니다. 전두환 보안사령관은 국보위 상임위원장이 되어 국민 앞에 나타났지요. 신군부는 유력 정치인을 체포하였으며 170여 개의 정기간행물을 폐간했습니다. 또 400여 명의 언론인을 해고하고 비판적인 교수들을 대학에서 쫓아냈습니다. 박정희 정부 아래서 중요한 자리에 있던 인물들을 몰아내고 상습 전과자나 우범자를 **삼청교육대***로 보내 가혹하게 다루었습니다.

7월에는 김대중 등 37명을 내란 음모 혐의로 기소하였고 김대중은 9월에 사형 판결을 받았습니다. 자택에 갇혀 있던 김영삼은 정계를 은퇴했고 최규하는 대통령 자리에서 물러났지요. 8월 말, 통일주체국민회의는 유신 헌법에 따라 전두환을 대통령으로 선출하였습니다.

*삼청교육대
1980년 국보위가 사회악을 뿌리 뽑는다는 명목으로 군 부대에 만든 기관. 국보위는 폭력배와 사회 풍토 문란 사범을 소탕하겠다고 선언하고 다음 해 1월까지 60,000여 명을 체포했다. 체포된 사람 중 1,000명 정도가 삼청교육대에서 4주 동안 교육을 받고 6개월 동안 노역을 하도록 조치되었다. 삼청교육대에 들어간 사람들 중에는 억울하게 잡혀간 사람도 많았고 이곳에서의 가혹 행위 때문에 54명이 사망했다.

그 해 10월 국보위는 새로운 헌법안을 국민투표에 부쳐 통과시켰습니다. 새 헌법은 유신헌법과 별로 달라진 것이 없었습니다. 다만 대통령 임기를 7년으로 하고 1회만 할 수 있도록 바꾸었을 뿐 대통령의 막강한 권력은 그대로 인정했지요. 11월 전두환 정부는 언론 통폐합을 실시했습니다. 민간이 운영하는 방송사를 없애고 통신사를 통합하여 언론사들을 정부의 통제 아래 두었습니다. 노동법도 개정하여 노동자들의 집회 및 시위의 자유를 크게 억압하였습니다.

1981년 2월 전두환은 새 헌법에 따라 간접 선거로 대통령에 선출되었습니다. 내란 음모로 대법원에서 사형이 확정되었던 김대중은 곧바로 무기 징역으로 감형되었습니다. 미국은 김대중을 처형하지 않는 대가로 전두환 대통령을 공식 초청하였습니다. 이로써 전두환 정부는 미국의 승인을 얻게 되었지요. 3월 3일 전두환이 제12대 대통령이 취임하였고 제5공화국이 시작되었습니다.

▶ 전두환(1931~)

경남 합천 출생. 육군사관학교 11기생. 1979년 박정희 대통령이 김재규에 의해 시해되자 보안사령관으로서 김재규를 체포하고 육군 참모총장인 계엄사령관을 체포하는 하극상을 주도했다. 1980년 5월에 야당 지도자 김대중을 체포, 그에 저항하는 광주시민과 충돌. 197명의 사망자가 발생한 유혈 참극을 빚었다. 1988년 8월 유신헌법에 의해 제11대 대통령에 선출되었다가 그해 10월 개정된 헌법에 의해 제12대 대통령에 취임했다. 1988년 2월 대통령으로서 헌법이 정한 임기를 마치고 민간인이 된 최초의 사례를 남겼다. 이후 김영삼 정부 때 정부에 의해 군대 반란과 국가 권력 탈취 혐의로 기소되어 복역했다.

급진 좌익 세력의 부활과 신민당의 성공

전두환 정부는 처음 2년 동안 강압적으로 통치했습니다. 대학에는 언제나 사복 입은 형사가 지키고 있다가 시위가 벌어지면 주동자를 잡아갔지요. 좌익의 이념을 가진 학생도 많이 늘었습니다. 운동권 학생들은 마르크스·레닌주의, 마오쩌둥주의 등을 공부하고 반제국주의 민중 혁명을 이루고자 했습니다. 급진 좌익 세력은 5·18 광주민주화운동 이후 확산한 반미 감정을 기반으로 하여 그 힘을 키웠습니다.

사회와 경제가 어느 정도 안정되자 전두환 정부는 강압적이던 통치 방법을 바꿔 유화 정책을 썼습니다. 대학에서 쫓겨난 교수와 학생이 돌아오게 하였고 정치 활동도 자유로워졌지요. 사상과 출판의 자유가 허용된 후 대학가에는 좌익 이념이 더욱 활발하게 퍼져 나갔습니다. 금서였던 공산주의 고전 도서들이 앞다투어 출간되었습니다. 좌익 이념을 가진 이들은 1980년대의 한국이 미국의 지배 아래 있는 식민지 상태라고 여겼습니다. 그래서 미 제국주의와 그를 따르는 지배 계급을 타도하는 민중·민족 혁명을 일으켜야 한다고 주장했지요.

이들의 역사관과 현실을 보는 눈은 한국 사회의 발전 과정이나 중산층 시민의 생활 양식과 완전히 동떨어진 것이었습니다. 그럼에도 불구하고 이런 역사관이 성장할 수 있었던 것은 전두환 정부가 정권을 잡는 과정에서 일으킨 유혈 참극과 강압적 통치 때문이었습니다.

한편 1985년 1월 김영삼은 미국으로 망명한 김대중과 협력하여 신민당을 만들었습니다. 신민당은 대통령 직선제로의 개헌을 총선 공약으로 내세워 국민들의 호응을 받았지요. 창설된 지 한 달도 지나지 않아 실시된 제12대 국회의원 선거에서 신민당은 대성공을 거두었습니다. 득표율에서 집권 여당을 바짝 따라잡았던 것입니다.

1980년대 지배적 풍조가 된 민중·민족주의

1980년대의 민중·민족주의는 문화의 영역으로도 널리 퍼져 나갔습니다. 그런 문화적 움직임의 중심에는 역사학이 있었습니다. 1980년대의 한국 역사학에서는 민족과 민중을 역사의 주인공으로 여기는 역사관이 주를 이뤘습니다. 이런 역사관은 1960년대의 민족주의 사관에서 시작되었습니다. 민족주의 사관은 일본이 만든 식민사관을 깨는 것을 가장 중요한 과제로 내세웠습니다. 민족주의 역사학은, 일제강점기 이전 조선 사회가 자기 힘으로 발전하여 느린 걸음이나마 근대 사회로 옮겨 가고 있었는데 제국주의가 침략하여 민족의 정상적인 발전을 왜곡했다고 주장했지요. 그래서 식민지 시기에 성장한 지주와 자본가는 친일 반민족적 세력이고 노동자 · 농민 등 민중은 반제국주의적 민족 혁명을 추구해 왔다는 것입니다. 이런 주장을 바탕으로 하여 민중 · 민족주의 역사학은 해방 이후의 대한민국 역사를 친일 반민족 세력과 제국주의 미국이 결합하여 세운 역사로 파악하였습니다. 그 과정에서 민족의 분단이 일어 났다는 것이지요.

민중 · 민족주의는 문학에서도 활발하게 퍼져 나갔습니다. 뿐만 아니라 연극, 음악, 미술, 무용 등 모든 예술 분야에까지 민중 · 민족주의가 지배적 풍조가 되었습니다. 이들 민족 예술은 전통문화에 바탕을 둔 마당극, 풍물패, 진혼굿 등 새로운 예술의 갈래로 개발되기도 했습니다.

거듭된 북한의 도발, 안타까운 희생

한국 사회가 빠르게 변화하고 있던 이 시기에 북한은 끊임없이 남한을 도발해왔습니다. 그 도발의 정도도 매우 심각했지요. 대통령을 노린 사건도 두 번이나 있었고, 장소도 나라 안팎을 가리지 않았습니다.

1974년 8월 15일 서울의 국립극장에서는 박정희 대통령 부부가 참석한 가운데 광복절 기념식이 열리고 있었습니다. 허술한 경비를 틈타 기념식장으로 숨어든 조총련계 재일동포 문세광은 연단에 서서 연설 중이

▶ 문세광의 총격을 피해 박 대
통령이 연단 아래로 몸을 낮추자
경호실 박상범 수행계장과 이상
열 수행과장이 호위하는 모습.

던 박 대통령을 겨냥하여 권총을 발사했습니다.

박 대통령은 재빨리 연단 아래로 몸을 낮추어 위기를 모면할 수 있었
습니다. 그러나 문세광의 계속된 저격으로 무대 위 의자에 앉아 있던 대
통령 부인 육영수 여사가 흉탄에 맞고 말았지요. 육 여사는 병원으로 긴
급 후송되었으나 목숨을 건질 수 없었습니다.

문세광은 일본에서 조총련 간부의 지령에 따라 오사카 항구에 정박하
고 있던 북한 공작선에서 요인 암살 훈련을 받았답니다. 현장에서 체포
된 문세광은 대한민국 법정에서 재판을 받았고, 사건 4개월 후인 그해 12
월 20일에 사형이 집행되었습니다.

사건의 배후에 북한이 있다는 사실을 밝혀낸 한국 정부의 수사 요청을
받고도 일본 정부는 처음에는 적극적인 반응을 보이지 않았습니다. 그로
인해 한일 간에는 외교적 위기가 생겨나기도 했지요.

그렇지만 결정적인 물증이 제시되자 일본도 꼼짝달싹하지 못했습니

다. 첫째, 문세광이 사용한 권총이 일본의 파출소에서 훔친 것으로 확인되었고, 둘째, 문세광이 일본과 한국의 입출국에 사용한 여권이 실존 일본인의 여권임이 밝혀졌던 것입니다.

일본 정부는 부랴부랴 특사를 한국으로 보내와 박 대통령과 한국 국민에게 사과함으로써 사건은 마무리되었습니다.

▶ 갑자기 떼로 몰려들어 유엔군 장병들을 공격하는 북한 경비병들. 하얀 헬멧을 쓴 장병들이 유엔군이다.

1976년 8월 18일 미군은 판문점 공동 경비 구역 안에서 미루나무 가지치기 작업을 하고 있었습니다. 그런데 북한군이 이 작업을 감독하던 미군 장교 두 명을 느닷없이 도끼로 살해하는 사건이 발생했습니다. 이 사건이 터지자마자 주한 미군과 한국군은 즉각 전투태세에 돌입했습니다. 미군은 한국 해역으로 항공모함을 급파하고 전폭기와 전투기도 증강 배치했습니다. 이렇게 전쟁 위기가 높아지자 변명의 여지가 없는 북한의 최고 지도자 김일성도 꼬리를 내릴 수밖에 없는 노릇이었지요.

결국 김일성은 8월 21일 잘못을 인정하는 사과문을 공식 루트를 통해 전해왔습니다. 남북 간의 대치 상황에서 벌어진 사건으로 김일성이 공식 사죄한 것은 이때가 처음이었다고 합니다.

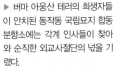

▶ 버마 아웅산 테러의 희생자들이 안치된 동작동 국립묘지 합동분향소에는 각계 인사들이 찾아와 순직한 외교사절단의 넋을 기렸다.

1983년 10월 19일 미얀마를 공식 방문 중이던 전두환 대통령은 의전 관례에 따라 미얀마의 독립운동가 아웅산이 묻힌 국립묘지를 참배하게 되었습니다. 이날 국립묘지에 미리 도착한 한국 측 공식 수행원들은 전두환 대통령의 도착을 기다리고 있었습니다.

그러나 미얀마 수도 양곤의 교통 체증으로 전 대통령의 도착 시간이 30분 정도 늦어진다는 연락이 왔습니다. 수행원들은 기다리는 동안 참배 예행 연습을 하려고 애국가를 틀도록 했지요.

그런데 그때 테러를 위해 잠복 중이던 북한 인민무력부 정찰국 소속 공작원은 전두환 대통령이 도착한 것으로 착각하여 건물 지붕에 설치해 둔 폭탄을 터트렸습니다. 다행히 전 대통령은 도착 전이어서 화를 면했지요. 그러나 서석준 부총리, 이범석 외무장관, 함병춘 대통령 비서실장, 김재익 경제수석비서관을 포함한 열일곱 명의 아까운 목숨이 희생되고 수십 명의 부상자가 발생했습니다. 미얀마인 네 명도 사망했다고 하지요.

미얀마 경호 당국은 현장에서 북한 공작원 신기철을 사살하고, 강민철 등 두 명을 체포하여 범행 일체에 관한 자백을 받아냈습니다. 그것은 북한이 사전에 치밀하게 준비하고 실행에 옮긴 테러였습니다. 사건의 전모가 드러나자 미얀마 정부는 북한과의 외교관계를 즉각 단절했습니다.

최근 미얀마 정부의 적극적인 협력으로 2014년에 순직 한국인 위령비를 현지에 세우기로 했습니다.

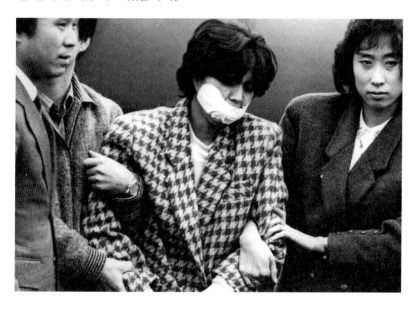

▶ KAL858기 폭파범 김현희(하치야 마유미)가 대한항공 특별기 편으로 김포공항에 도착, 검찰 이송을 위해 경찰 앰뷸런스로 옮겨지고 있다.

1987년 11월 29일 이라크의 바그다드를 떠나 서울 김포공항으로 향하던 대한항공 보잉707 여객기(KAL858편)에는 승객과 승무원 115명이 탑승하고 있었습니다. 대부분의 승객은 뜨거운 사막의 땅 중동의 건설 현장에서 구슬땀을 흘리며 성실하게 일해 온 한국인 근로자들이었지요.

비행기는 미얀마의 앤다만 해역 상공에 이른 오후 2시 5분경 갑자기 폭발했습니다. 비행기의 잔해는 사건 발생 15일 만에 인도양에서 발견되었습니다. 탑승객 전원이 사망한 끔찍한 대형 사고였습니다.

테러일 가능성이 높다고 보고 공중 폭발의 원인 규명을 위한 조사를 실시하였습니다. 우선 대한항공 여객기가 중간에 머물렀던 아랍에미리트 아부다비 공항에서 내린 두 명의 일본인이 수사선상에 올랐습니다. 하치야 신이치와 하치야 마유미라는 이름의 일본 여권을 지닌 이들은 해외여행 중인 아버지와 딸로 행세했습니다.

이들은 추적을 피해 바레인으로 도주하여 로마행 비행기를 타기 위해 공항에 나타났다가 긴급 체포되었습니다. 바레인 수사 당국에 의한 본격적인 조사가 시작되자마자 두 사람은 감추고 있던 극약을 삼켜 자살을 시도했지요. 본명이 김승일로 확인된 하치야 신이치는 즉사했지만, 하치야 마유미(본명 김현희)는 미수에 그치고 의식을 회복했습니다.

두 사람은 고도의 훈련을 받은 북한 노동당 중앙위 조사부 소속 특수공작원이었습니다. 그들은 김정일의 지시로 12월에 치러질 한국의 대통령 선거를 교란시키고, 이듬해 개최될 88서울올림픽을 방해할 목적으로 끔찍한 범행을 저질렀던 것입니다. 두 사람은 아부다비에서 내리기 직전 기내에 고성능 시한폭탄과 액체 폭발물(PLX)을 슬그머니 두고 내렸지요. 이 고성능 폭약은 비금속성이어서 공항 검색대를 무사히 통과했다고 합니다.

이 모든 사실은 체포된 공작원 김현희가 사건 전모를 실토함에 따라 낱낱이 밝혀졌습니다. 김현희는 가난한 해외 근로자들이 표적이 되어 희생되었다는 사실에 큰 죄책감을 느껴서 범행 전모을 모두 자백했다고 합니다.

이 같은 북한의 무자비한 테러를 계기로 미국 정부는 북한을 테러국가로 규정했으며, 북한 외교관과의 접촉을 일체 금지시켰습니다. 나중에 김현희에게는 사형 판결이 내려졌습니다. 그러나 폐쇄 사회 북한에서 어린 시절부터 속고 살아왔으며, 자신의 죄를 뼈저리게 뉘우치고 있다는 점 등을 감안하여 사면 조치가 내려졌습니다.

3.
중산층의 활약으로
활짝 열린
민주화 시대

1987년 6월 29일 민정당 대통령 후보인 노태우는 국민의 민주화 요구를 받아들인다고 선언하였습니다. 국민의 요구 중 중요한 하나는 대통령을 국민 스스로 뽑는 것이었습니다. 그 해 10월 대통령 선거는 국민의 요구대로 직선제로 바뀌었습니다.

정치뿐만 아니라 경제와 사회의 구조도 서서히 타협적인 민주화의 길을 걸었습니다. 1952년에 성립한 권위주의 정치 체제도 35년 만에 사라졌습니다. 그러한 역사적 진보가 가능했던 것은 경제 성장의 덕분에 형성된 시민적 교양을 가진 중산층이 널리 퍼져 있었기 때문입니다.

자유와 인권을 추구한 6·10 민주화 운동

1987년 4월 전두환 대통령은 헌법을 바꾸지 않고 다음 대통령 선거를 치르겠다고 선언(4·13 호헌 조치)했습니다. 그런데 대다수 국민은 대통령 직선제를 민주 정치 제도의 상징으로 생각하고 있었습니다. 이 선언을 계기로 김영삼과 김대중이 중심이 된 야당과 재야 민주화 세력이 연합 전선을 만들었습니다. 그들이 구성한 국민운동본부에 운동권 학생들도 참여했지요.

그 해 5월 서울대생 박종철(朴鍾哲)이 경찰에서 고문당하다가 사망하는 사건이 일어났습니다. 그런데 정부와 경찰은 이 사실을 숨기려 했지요. 야당과 재야 운동권은 정부와 경찰을 규탄하는 대규모 대회를 열었습니다. 6월에는 대학가 시위가 더욱 격렬해졌습니다. 이때 연세대생 이한열(李韓烈)이 시위 도중 경찰이 쏜 최루탄에 맞아 사망했습니다.

6월 10일 국민운동본부가 주관하는 대규모 시위가 서울 시청 광장에서 열렸습니다. 이 시위에는 학생뿐만 아니라 '넥타이 부대'라 불리던 직

▶ 1987년 야당과 재야 민주화 세력, 운동권 학생이 연합하여 개헌을 요구하였다. 그해 5월 서울대생 박종철이 경찰에서 고문당하다가 사망하자 분노한 시민들은 더욱 격렬하게 시위를 벌였다. 사진은 박종철의 영정을 들고 가두시위에 나선 시민들의 모습.

장인들까지 대거 참여했습니다. 박종철·이한열의 사망과 같은 인권 유린 사건에 크게 자극을 받았기 때문이지요. 그 점에서 1987년 6월에 있었던 대규모 시위는 자유와 인권을 추구한 국민적 민주주의 운동이었습니다.

● 직선제 개헌을 약속한 6·29선언

간접 선거로 대통령을 뽑겠다던 집권 세력은 국민의 거센 저항에 두 손을 들 수밖에 없었습니다. 1987년 6월 29일 집권 민정당의 대통령 후보였던 노태우(盧泰愚)는 야당의 요구 사항을 대폭 수용한다고 선언(6·29선언)했습니다. 이 선언에는 대통령 직선제도 포함되어 있었지요. 그 해 10월 제9차 헌법 개정안이 국민투표를 거쳐 확정되었습니다. 새로 바뀐 헌법에는 대통령 선거를 국민 직선제로, 대통령 임기를 단임 5년으로 바꾸고 국민의 기본권 조항을 크게 개선한 내용이 담겼습니다.

그 해 12월에 실시된 대통령 선거에서 민정당의 노태우 후보가 당선되었습니다. 신군부 출신이 다시 집권할 수 있었던 이유 중 하나는 김영삼과 김대중이 후보 단일화에 실패했기 때문이지요. 힘을 합해 직선제 개헌을 쟁취했던 김영삼과 김대중은 대통령 자리를 놓고는 분열하고 만 것입니다.

1988년 2월 노태우가 제13대 대통령에 취임하면서 지금까지 이어지는 제6공화국이 출범했습니다. 이로써 전두환은 대통령을 한 번만 한다는 **단임***(單任)의 약속을 지키게 되었습니다. 그는 선거를 통해 선출된 후임자에게 자리를 물려준 최초의 대통령이 되었습니다.

*단임(單任)
정해진 임기를 마치면 다시 그 자리에 임명되지 않도록 정한 것.

242

노태우는 5·16에서 시작된 근대화 세력입니다. 민주화 세력은 근대화 세력이 다시 권력을 쥐게 된 현실을 받아들이기 어려웠습니다. 하지만 노태우 정권은 엄연히 보통 선거라는 정당한 절차에 의해 얻어낸 권력이었지요. 그에 따라, 전 정부의 정책을 모두 부정한다거나 과거사를 급격히 청산하는 과정에서 생길 수 있는 정치적 혼란도 피할 수 있게 되었습니다.

▶ 노태우(1932~)

대구 달성 출생. 1955년 육군사관학교를 졸업, 베트남 전쟁에 참전, 공수특전여단장과 청와대 경호실 작전차장보 등을 역임하였다. 1979년 12·12 사태에 가담했으며, 이후 신군부 정권 획득 과정에 주도적으로 참여하였다. 1985년 민정당 대표 위원으로 임명된 데 이어 민정당의 대통령 후보로 지명되었다. 1986년 6월 국민의 직선제 요구를 수용하는 '6·29선언'을 발표했으며, 그해 12월 대통령 선거에서 당선되었다. 대통령 재직 중 북방정책을 추구하여 소련, 중국과 국교를 수립하였다. 1990년 2월 김영삼의 통일민주당, 김종필의 신민주공화당과 함께 3당을 통합하여 민주자유당(민자당)을 출범시켰다. 퇴임 후 재임 기간에 비자금을 모은 것이 밝혀져 처벌되었다. 사진은 6.29선언 때의 모습.

자유민주주의 이념으로 세워진 대한민국의 성공

이제 해방과 건국에서 출발하여 1988년 민주화 시대를 열기까지 대한민국이 걸어온 역사 이야기를 마무리할 차례입니다. 이 기간의 역사 내내 가장 중요하게 여겨졌던 말은 '나라 만들기'입니다. 새로운 이념에 기초해서 새로운 나라를 만들어 온 역사로 그 시대를 다시 보자는 것이 이 책이 전하려는 메시지입니다.

나라의 본질은 이념입니다. 이념이란 서로 다른 생각과 이해관계를 가진 인간들을 평화롭고 정의로운 질서로 묶어내는 원리이지요. 대한민국의 이념은 무엇인가, 그것은 어디서 생겨났으며, 누가 그것을 새로운 나라의 기초 이념으로 받아들였는가? 대한민국의 역사를 공부하기 위해서는 이런 질문에서 출발해야 합니다. 대한민국의 이념은 자유민주주의입니다.

20세기의 세계사는 정치적으로, 경제적으로 자유를 허용한 국가 체제가 사람들을 가장 행복하게 한다는 사실을 경험적으로 증명하였습니다. 인간을 계급의 지배로부터 해방시켜 모두가 평등한 나라로 만들겠다는 공산주의 이념은, 그 과정에서 인간의 자유를 억압할 수밖에 없었습니다. 그 이유로 공산주의는 실패의 길을 걸었지요. 대한민국은 건국의 선각자들이 국가 이념을 세울 때 올바른 선택을 한 덕분에 성공할 수 있었습니다.

한국인의 '나라 만들기'는 1987년에 이렇게 일단락되었습니다. 이제껏 보아왔듯 '나라 만들기'의 과정이 결코 순탄하지 않았지요. 다른 모든 나라가 그랬듯이 여러 세대에 걸쳐 성공과 실패가 반복되는 시행착오를 거치며 길을 찾는 과정이었기 때문입니다. 이룩해야 하는 것은 많은데 인적 물적 자원이 너무도 빈약했기 때문에 대한민국은 더욱 많은 어려움을 겪을 수밖에 없었습니다.

하지만 대한민국은 나라 안팎의 공산주의 세력의 맹렬한 도전을 물리치고 자유 이념으로 세운 새로운 나라입니다. 또 정부 형태와 개발 전략을 둘러싼 분열과 갈등을 차례로 해소하면서 중진 경제와 민주주의를 성취한 위대한 나라이기도 합니다.

물론 아직도 갈 길은 많이 남았습니다. 국가 경제를 선진화하고 민주주의를 성숙하게 하며 복지 국가를 이뤄나가야 합니다. 새로운 분열과 갈등의 요소도 곳곳에 여전히 숨어 있습니다. 하지만 한국은 이제 웬만한 내외의 도전에는 흔들리지 않는 힘을 가지게 되었습니다. 나라의 기초로 애국적 국민이, 시민적 중산층이 도탑게 자리 잡은 덕분입니다.

대한민국 역사박물관

이곳은 개항기부터 오늘날에 이르기까지의 대한민국의 역사를 담고 있는 역사 문화 공간이다. 전시실은 3층부터 시작되는데, 3층의 제1전시실에는 강화도 조약이 맺어진 1876년부터 일제강점기를 거쳐 해방이 된 1945년까지의 역사를 전시하고 있다. 4층의 제2전시실에서는 대한민국 정부 수립과 6 · 25 전쟁, 4 · 19 민주 혁명에 대한 자료를 볼 수 있다. 5층의 제3전시실에는 지금의 대한민국이 있기까지 경제 성장과 민주주의 발전을 위해 노력했던 모습을 전시하고 있다. 또 국민들의 생활 모습이 어떻게 달라졌는지 사회 · 문화적 변화 양상도 이 전시실에서 살펴볼 수 있다. 5층의 제4전시실에는 세계로 나아가는 대한민국의 소개와 미래 비전이 제시되어 있다.

주소 서울특별시 종로구 세종대로 198 / www.much.go.kr
관람 시간 09:00~18:00(17:00까지 입장)
휴관일 매주 월요일

잘! 생겼다
대한민국

지은이 Ⅰ 황인희
펴낸이 Ⅰ 안병훈
본문·표지디자인 Ⅰ 想 company

1판 1쇄 발행일 2014년 3월 14일
1판 3쇄 인쇄일 2018년 3월 05일

펴낸곳 Ⅰ 도서출판 기파랑
등 록 Ⅰ 2004년 12월 27일 제300-2004-204호
주 소 Ⅰ 서울시 종로구 대학로8가길 56(동숭동 1-49) 동숭빌딩 301호
전 화 Ⅰ 02-763-8996(편집부) 02-3288-0077(영업마케팅부)
팩 스 Ⅰ 02-763-8936
이메일 Ⅰ info@guiparang.com

국립중앙도서관 출판시도서목록(CIP)

잘! 생겼다 대한민국 / 지은이: 황인희. -- 서울 : 기파랑,
2014
      p. ;   cm

ISBN 978-89-6523-894-2 43910

한국 현대사[韓國現代史]

911.07-KDC5   CIP2014005977